Rudolf Hubert

DIE DIALOGISCHE DIMENSION KARL RAHNERS

Glaubenszeugen im Gespräch

Ein Arbeitsbuch

Impressum: **Die dialogische Dimension Karl Rahners**
Glaubenszeugen im Gespräch
Ein Arbeitsbuch

von Rudolf Hubert

Herausgeber: Hans-Jürgen Sträter

Ausgabe 2025

Verlag: BoD · Books on Demand GmbH,
Überseering 33, 22297 Hamburg,
bod@bod.de

ISBN: 978-3-8192-1238-3

Druck: Libri Plureos GmbH,
Friedensallee 273, 22763 Hamburg

Hier weitere Bücher von Rudolf Hubert

Andreas Hüser in Dankbarkeit zugeeignet

MIX
Papier aus verantwortungsvollen Quellen
Paper from responsible sources
FSC® C105338

Inhalt

Vorwort

Dieses Buch trägt den Untertitel „Ein Arbeitsbuch". Warum nur? Nun, die Texte, die der Autor Rudolf Hubert hier nicht nur zitiert, sondern auch auf sehr passende Art und Weise in Zusammenhänge bringt um das Große und Ganze – nämlich Gottes Wirken, seine Absichten im Hier und Jetzt und die Notwendigkeit seiner Liebe – so deutlich zu machen, kann schon richtige Arbeit sein. Nicht für den Autor selbst. Er sprudelt nur so, wenn man ihn auf Karl Rahner anspricht und natürlich auf Eugen Drewermann, Hans Urs von Balthasar, Ralf Miggelbrink und andere Theologen.

Und dann gibt es da noch den „Norddeutschen Rahner Kreis". Hier haben sich ein paar Theologen und Nicht-Theologen zusammengetan, um eine glaubhafte Sprachfähigkeit zu finden und zu vertiefen, um die Begegnung mit Gott im Gespräch mit Menschen, die sonst schwer erreichbar sind, zu erneuern und zu stärken. Glauben ereignet sich im Leben und Lebens- und Glaubenserfahrungen können nicht unabhängig voneinander gesehen werden.

Wir wollen Impulse für das Hier und Heute fruchtbar werden lassen und ermutigen, wenn nicht sogar ermöglichen, das Glauben niedrigschwellig erfahrbar werden kann. Einen Beitrag zu leisten, lebendige Kirche zu ermöglichen, ist das große Ziel des „Norddeutschen Rahner Kreises". Die nachfolgenden Texte dienen hier als „Arbeitsbuch".

Kurz vor der Veröffentlichung verstarb Andreas Hüser, der diesem Kreis angehörte. Wir widmen ihm dieses Buch.

Thomas Hoffmann, Norddeutscher Rahner Kreis

Teil 1 – Gott meines Lebens[1]

„Herr, wie wird mein Geist ratlos, wenn ich von dir zu dir rede! Wie kann ich dich anders nennen als den Gott meines Lebens? Aber was habe ich damit gesagt, wenn doch kein Name dich nennt und ich darum immer versucht bin, von dir mich fortzuschleichen zu den Dingen, die begreiflicher als du, meinem Herzen heimlicher sind als deine Unheimlichkeit? Doch wohin sollte ich gehen? Wäre die enge Hütte mit ihren kleinen vertrauten Dingen, wäre das irdische Leben mit seinen großen Freuden und Schmerzen mir Heimat, wäre nicht all das umschlossen von deinen fernen Unendlichkeiten? Ist die Erde mir Heimat, wenn nicht dein ferner Himmel über ihr steht? Ja, selbst wenn ich mich mit dem bescheiden wollte, was heute so manche als den Sinn ihres Lebens verkünden, wenn ich trotzig entschlossen meine Endlichkeit erkennen und mich zu ihr allein bekennen wollte, ich könnte diese Endlichkeit nur darum wachen Geistes erkennen, nur darum als mein einziges Schicksal auf mich nehmen, weil ich immer schon zuvor hinausgeblickt habe in grenzenlose Fernen, an deren verschwimmenden Horizonten die Unendlichkeiten deines Lebens beginnen. Denn alle meine Endlichkeit versänke in ihrer eigenen dumpfen, sich selbst verborgenen Enge, sie könnte nicht zum sehnenden Schmerz und nicht zum entschlossenen Sichabfinden werden, hätte nicht der wissende Geist sich immer schon hinausgeschwungen über seine eigene Endlichkeit, hinaus in die lautlosen Weiten, die du, die schweigende Unendlichkeit, erfüllst. Wohin also soll ich fliehen vor dir, wenn alle Sehnsucht nach dem Grenzenlosen und aller Mut zu meiner Endlichkeit dich bekennt? … Was habe ich also anders dir von dir zu sagen, als dass du die Unendlichkeit bist, in der allein ich,

[1] „Beten mit Karl Rahner", Band 2 „Gebete des Lebens", Freiburg-Basel-Wien 2004, Herausgegeben von Albert Raffelt, mir einer Einführung von Karl Kardinal Lehmann, S.24-30; auch SW (Sämtliche Werke Karl Rahners), Band 7, S. 4-7

Mensch der Endlichkeit, zu leben vermag? Und wenn ich das von dir sage, dann habe ich mir meinen wahren Namen gegeben, den ich im Psalter Davids immer bete: tuus sum ego: Ich bin der, der sich nicht selbst gehört, sondern dir. Mehr weiß ich nicht von mir, mehr nicht von dir - Du -, Gott meines Lebens, Unendlichkeit meiner Endlichkeit. Was hast du mir angetan, wie hast du mich geschaffen, wenn ich von dir und mir nur weiß, dass du das ewige Geheimnis meines Lebens bist?"[2]

Was sagt dieser Text aus?

Der Text sagt etwas aus über den Beter Karl Rahner, der auch dich und mich zum Beten hinführen will. Denn Rahner betreibt Theologie aus der „Gestimmtheit des Beters" heraus. Das ist ein Begriff, den er selbst geprägt hat. Einer seiner Interpreten beschreibt ihn so: Die Gestimmtheit des Beters

> „erreicht ihren eigentlichen Logos nicht in der begrifflichen Kommunikation über Gott, sondern in der preisenden Anbetung Gottes. Theologie will hinführen zu dieser theoretisch-praktischen Haltung des Gebetes und will selber Teil dieses heilshaften Grundvollzuges christlicher Existenz sein."[3]

Rahners theologisches Anliegen ist es, zu verstehen und im Leben zu praktizieren, dass man nie *über* Gott, wie über einen Gegenstand reden kann. Die Gottesbeziehung ist personal, d.h. man kann eigentlich nur *zu* Gott sprechen. Dabei ist sich Rahner allerdings des ‚Gefälles' in dieser Beziehung bewusst:

---

[2] „Beten mit Karl Rahner", Band 2 „Gebete des Lebens", Freiburg-Basel-Wien 2004, Herausgegeben von Albert Raffelt, mir einer Einführung von Karl Kardinal Lehmann, S. 26 f - auch in SW 7, S. 5 – ursprünglich aus „Worte ins Schweigen", Innsbruck-Leipzig 1938 (!), dort aus „Gott meines Lebens", S. 12 f
[3] Ralf Miggelbrink „Ekstatische Gottesliebe im tätigen Weltbezug", Altenberge 1989, S. 284

Im Gebet kann ich nicht mit Gott ‚auf Augenhöhe' von mir aus sprechen.

„Ich bin der, der sich nicht selbst gehört, sondern dir. Mehr weiß ich nicht von mir, mehr nicht von dir - Du -, Gott meines Lebens, Unendlichkeit meiner Endlichkeit."

Aber Gott will keine Marionetten, sondern Personen, die IHM in Freiheit begegnen. Unser Leben, unser Tun – und das ist das eigentliche Gebet – geschieht immer in seiner ‚Gnade'. Seine Zuwendung zu uns ermöglicht es uns, Gott zu lieben. Ihn gewissermaßen in *SEINER* Liebe (wieder)zu lieben. Wir wissen darum auch von Gott eigentlich nur eines: Dass wir ohne ihn nicht sein können. Und das erfahren wir täglich in all unserem Angewiesensein. Das beginnt bei den alltäglichsten Dingen, das vollzieht sich in der Partnerschaft, in der Freundschaft, in allem, was wir tun – und auch lassen: Alles ist endlich, alles ist vergänglich, alles ist irgendwie fragil und nicht verlässlich. Und dennoch brauche ich einen Grund, der trägt, der immer und überall trägt.

„Rahner ist der Theologe der Universalität der Gnade. Man wird diesen Ehrentitel auch anderen Theologen des 20. Jahrhunderts geben können…Aber der Rahnersche Duktus ist gerade darin ganz spezifisch, dass er sich diesem großen Thema, dem universalen Heilswillen Gottes…in der Banalität des Alltags widmet … Dass die Tiefe des Menschlichen und des Christlichen nicht voneinander zu trennen sind, ist für Rahner eine theologische Kernaussage."[4]

---

[4] Albert Raffelt in „Von der Gnade des Alltags", Freiburg-Basel-Wien 2006, S. 81-86

Was rührt der Text bei mir persönlich an, was löst er aus?

Diesen Grund, der bedingungslos trägt, der meine ‚absolute Kontingenz' beruhigt, ihn suche ich. Er ist auch so recht Inhalt und ‚Gegenstand' der Psalmengebete, die ich so sehr liebe.[5] Und ich erlebe beglückt, dass ich IHN nur deshalb so sehnsuchtsvoll suche, weil ER mich (längst) gefunden hat. Weil er mich gerufen hat, mich in sein Herz geschlossen und in seinen Arm genommen hat – nur darum kann ich auf die Suche nach IHM gehen. Ansonsten wäre ich ‚blind', gefangen in den unbewussten Zwängen, Instinkten und Trieben animalischen Lebens, wie wir es aus der Tier- und Pflanzenwelt kennen.

Die wunderbaren Bildworte, die auch die Poesie Karl Rahners illustrieren, zeigen zudem den Ursprung des Textes an: Nach seiner großen Dissertation „Geist in Welt" (1936) hat ein Innsbrucker Verlag Rahner die Veröffentlichung nur zugesagt, wenn gleichzeitig ein leichter lesbares Werk von ihm erscheint. Daraufhin veröffentlichte Rahner das Buch „Worte ins Schweigen" im Jahr 1938. Es ist somit sein erstes Buch – und es ist kein Zufall, dass es ein Gebetbuch ist,[6] („Geist in Welt" erschien erst ein Jahr später, im Jahr 1939) denn Rahners Theologie ist eine Theologie des Gebetes. Er theologisierte als Priester, Ordensmann, Seelsorger und ‚Exerzitienmeister' immer „aus der Gestimmtheit des Beters", zu der er besonders in den Exerzitien anleiten und hinführen wollte.

---

[5] Die 4 Bände der Psalmenauslegung von Erich Zenger sind ein wahrer Schatz existentiellen Glaubens und Betens.

[6] Rahners erstes Buch ist ein Gebetbuch. Sein letzter, von ihm zur Veröffentlichung vorbereiteter Text, ist auch ein Gebet, das „Gebet um die Vereinigung der Christen." Lehmann schrieb dazu, dass es „auf seine Weise ein Vermächtnis darstellt." Wenn wir an die Ökumene denken, spüren wir auch hier, wie sehr wir noch hinten dran sind, Rahners Vermächtnis im ökumenischen Miteinander einzulösen.

Der Text zeigt mir auch, dass die Fragen und Anfragen der Zeit mich etwas angehen. Dass sie meinen Glauben in Frage stellen, dass mein Glauben in meinem Leben sich ereignen muss. Rahner suchte den Dialog mit allen Zeitgenossinnen und Zeitgenossen, vor allem mit Natur- und Gesellschaftswissenschaften, mit Akademikern ebenso wie mit „dem Mann und der Frau auf der Straße". Dieses Gebet zeigt seinen Umgang mit dem Existentialismus seiner Zeit. Er versucht darin, dessen Anliegen und Anfragen aufzunehmen und sie mit dem christlichen Glauben zu vermitteln:

> „Ja, selbst wenn ich mich mit dem bescheiden wollte, was heute so manche als den Sinn ihres Lebens verkünden, wenn ich trotzig entschlossen meine Endlichkeit erkennen und mich zu ihr allein bekennen wollte, ich könnte diese Endlichkeit nur darum wachen Geistes erkennen, nur darum als mein einziges Schicksal auf mich nehmen, weil ich immer schon zuvor hinausgeblickt habe in grenzenlose Fernen, an deren verschwimmenden Horizonten die Unendlichkeiten deines Lebens beginnen. Denn alle meine Endlichkeit versänke in ihrer eigenen dumpfen, sich selbst verborgenen Enge, sie könnte nicht zum sehnenden Schmerz und nicht zum entschlossenen Sichabfinden werden, hätte nicht der wissende Geist sich immer schon hinausgeschwungen über seine eigene Endlichkeit."

Was sagt er uns heute? - Wie kann ich seine „Weisheit" vermitteln?

Mir sagt der Text, dass ich mich nicht ‚verkriechen' kann und darf: Ich lebe nicht im „Haus voll Glorie", sondern muss den Zugwind der pilgernden Existenz im Glauben aushalten und ihm standhalten, denn mir steht nur ein Zelt zur Verfügung. Ein „Zelt existentiellen Lebens", das ich immer wieder zusammenfalten und neu aufbauen muss, weil ich hier keine ,bleibende Stätte habe'. Zum ,Zugwind' heute gehören Gier, Gleichgültigkeit, Konsum und Mediensucht, die wie Fetische unser Leben bestimmen können und den Ausblick auf IHN, der unser eigentliches Leben ist, erschweren, ja mitunter irreparabel zerstören. Die „Schleifung der Bastionen" [7] ist nicht in erster Linie eine institutionelle Frage. Sie ist vielmehr eine Frage existentiellen Engagements. Darum sagt mir der Text auch, dass ich sensibel und offen sein muss für all die Anfragen heute, die sich auch in Gleichgültigkeit und Hemmungslosigkeit und oft in versteckter Form zeigen(können).

Vermitteln kann ich Rahners Weisheit nur, wenn ich in die „Gestimmtheit des Beters" eintrete. Wenn ich mir bewusst bin und bewusst bleibe, dass ich keinen geistlichen Höchstleistungssport im Gebet betreiben muss. Denn ER IST ES, DER IN MIR BETET. Das muss ich wahrnehmen – und zulassen. Daraus folgt auch: Ich darf meiner Sehnsucht, meiner Hoffnung trauen. Ich darf, ja ich soll mich so annehmen, wie ich bin. Ich darf lieben – meine(n) Nächsten und auch mich – weil ER MICH IMMER SCHON LIEBT. Sonst würde ich gar nicht auf den Gedanken kommen, dass es „mehr als alles gibt". [8]

---

[7] Buchtitel von Hans Urs von Balthasar
[8] Anlehnung an den Buchtitel von Dorothee Sölle: „Es muss doch mehr als alles geben."

Teil 2 – Wie kann man heute (noch) von Gott sprechen?

Bauanleitung... um den Turm zu Babel vielleicht doch noch zu vollenden[9]

Der Mensch heute weiß unendlich viel- vor allem weiß er auch, dass er noch so vieles nicht weiß. „Ich weiß, dass ich nichts weiß" – diese alte philosophische Weisheit, die bekanntlich deren Ursprung und Quintessenz in einem ist, scheint allerdings eine Sackgasse zu sein angesichts heutiger Ergebnisse moderner Technik und Naturwissenschaften. Soeben höre bzw. sehe ich in einem Beitrag, dass künstliche Existenz in nicht allzu ferner Zukunft in der Lage sein wird, Träume aufzuzeichnen, weil deren Bilder exakt beschrieben werden können. Pflanzen, das weiß man heute, können in gewisser Weise ‚sehen'. Was ist nicht alles möglich bei bildgebenden Verfahren in engem Zusammenwirken mit KI, der künstlichen Existenz? Was vor einigen Jahren in Genetik, Astronomie, Mikrophysik und Makrophysik, in Genetik und Neurologie undenkbar schien, ist heute Realität und wird morgen schon wieder überholt sein von den neuesten Forschungsergebnissen und Entdeckungen (noch) unbekannter Zusammenhänge.

Angesichts dieses atemberaubenden Siegeszuges von Naturwissenschaft und Technik sind Fragen der Religion fast so etwas wie Relikte aus längst vergangener Zeit. Erst recht gilt das für den dogmatischen Glauben der ‚Großkirchen', die längst nicht mehr dieser Bezeichnung gerecht zu werden imstande sind auf Grund immer größer werdender Austrittszahlen. Noch

---

[9] Eugen Drewermann „Strukturen des Bösen" III, München, Paderborn, Wien 1978, 8. Auflage 1996, S. 577

fataler scheint es allerdings zu sein, dass es offensichtlich nicht gelingt, dass eigentlich Religiöse, das, was zum Menschsein unbedingt dazugehört, das, was nach religiöser Auffassung den Menschen erst zum Menschen macht - sein Bezug auf eine absolut liebende Person – vermittelbar ist an die nachfolgenden Generationen. Ich spreche bewusst im Konjunktiv, denn ob das, was offensichtlich nicht zu gelingen scheint, tatsächlich nicht gelingt – das ist noch einmal eine Frage, auf die hier noch keine vorschnelle Antwort gegeben werden kann. Eine Antwort, wenn es denn eine gibt, wird sich erst bilden können nach einem Durchgang durch einige Antwort- und Lösungsversuche angesichts der Herausforderungen des Glaubens durch die Weltwirklichkeit.

Ein erster Fingerzeig auf eine mögliche Antwort kann zunächst der Hinweis sein, dass es zu allen Zeiten, so auch im vergangenen Jahrhundert, schon diese Fragen gab. Und dass es Denker gab, die ein entsprechendes Problembewusstsein entwickelt haben, die auch und in besonderer Weise Suchende waren. Zeitlebens. Und deren ‚Lösung' auf diese Fragen zwar nicht immer ‚glatt' aufging, die aber nicht im Fatalismus bestand.

Doch schauen wir genauer zu, zunächst bei

Reinhold Schneider (1903- 1958)

Schneider, der sich zeitlebens als Schriftsteller mit Fragen von Geschichte, Macht und Glauben beschäftigte, kommt am Ende seines Lebens zu einem Ausblick, der zunächst paradox anmutet:

> „Wenn ich nicht mehr zurechtkomme mit dem, was um mich und in mir geschieht, so nehme ich Himmelsphotographien vor und die dazugehörenden Zahlen, Bilder der Milchstraße und Kugelhaufen, die

kaum an ihren Rändern in ihre Sterne aufgelöst werden konnten, der wildbewegten, von Nacht durchzogenen Nebelwolken kosmischer Geburt und grenzenloser Leere. Wir haben uns an das Wort Lichtjahre gewöhnt und an sechs – oder siebenstellige Zahlen davor: aber wer ist imstande, den Raum sich vorzustellen, den das Licht in einem Tage, in einer Stunde durcheilt. Und dann steigen und sinken die grenzenlosen Nächte, und wir gehen unter in ihnen und dahin... Wir können nicht mehr aufblicken, wie der fromme Kepler: was uns durchschauert, ist erhabene Sinnlosigkeit, leblose, kreisende Feuer, willkürlich ausgeschleudert und zusammengeworfen, in all ihrer Gewalt unter der Übermacht der Nacht und dazwischen irrend an unscheinbarer Stelle diese unsere Zauberinsel des Lebens und Geistes, der Schuld und des Todes...wer wagt von einem Plan zu reden, der Weltharmonik, gegenüber diesem Treiben und Sich-Verlieren und Auseinandertreiben...Was hätte Kepler gesagt zu der Auffassung, dass Weltall – wie Lebensentfaltung – explosive Prozesse seien!...Wer kann sich dem Gefühl entziehen, besiegt zu sein und unterzugehen im Ozean funkenstiebender Nacht? Es ist Hybris, den Sinn in sich selbst zu finden, in personaler Geistigkeit, wie Pascal und Fichte das wollten. Es ist Vernichtung, es nicht zu tun.[10]

Es sind diese Paradoxien, die herausfordern, die Selbstverständlichkeiten und Plausibilitäten nachhaltig irritieren. Vor allem sind es die Bilder, die Schneider heranzieht, um seine Sicht und Erfahrung zu illustrieren: „erhabene Sinnlosigkeit, leblose, kreisende Feuer, willkürlich ausgeschleudert und zusammengeworfen". Und dann das

---

[10] Reinhold Schneider „Der Balkon", Wiesbaden 1957, S. 168 f

Fazit, das keines ist, sondern zum wiederholten Male in einem Widerspruch endet, der selbst eine einzige Frage ist. Eine Frage, die bleibt: „Es ist Hybris, den Sinn in sich selbst zu finden, in personaler Geistigkeit... Es ist Vernichtung, es nicht zu tun."

Und der Glaube? Hat Schneider ihn gar verloren? Es gab Stimmen, die dieses schroffe Urteil fällten. Schneiders Glaube war jedoch vielmehr das Auskundschaften der „Existenztiefe" (Karl Pfleger). Vielleicht war es seine Sendung, die Antinomien, die Gegensätze und Widersprüche der Entwicklungen in Natur, Geschichte und im menschlichen Wesen in besonderer Weise wahr – und ernst zu nehmen. Es war vielleicht auch deshalb seine Sendung, weil ihm in besonderer Weise die Fähigkeit zu eigen war, seinen Wahrnehmungen entsprechenden Ausdruck zu verleihen.

„Keine Vorstellung fordert mehr starr -konstruierende Phantasie als der radikale Materialismus: dass die Materie aus sich selbst im Archaikum oder Algonkium das Wunder eines Einzellers zwischen Leben und Nichtleben, einen Virus hervorgebracht habe, aus dem sich, im Schoße des Tropenmeeres Pflanzen und Tiere entwickelten, die sich, immer zwischen Tod und Leben, ans Land wagten, sterbend und sich verwandelnd, bis sich der unsagbar komplizierte Organismus des Menschen, das Zusammenspiel des Gerüsts, des Gehirns und seines >steuernden> Anhangs, der Organe, Gewebe, Nerven, Muskeln, Drüsen und ihrer Sekrete, von den Sinneswerkzeugen zu schweigen, aus diesem Ursprung hervorbildeten, ohne Führung einer höheren geistigen Wirkkraft: das zu glauben, ist viel schwerer als die Unterwerfung unter die Paradoxien, die tragischen Verheißungen des Christentums."[11]

Dietrich Bonhoeffer (1906-1945)

Der noch im April des Jahres1945 von den Nazis hingerichtete evangelische Theologe Dietrich Bonhoeffer, hat den Glauben Reinhold Schneiders in einem einzigen Satz beschrieben, der auch heute von größter Bedeutung ist. Er ist deshalb so bedeutsam, weil Glaube heute vielfach ein angefochtener Glaube ist. Ein Glaube, der in Frage steht, der keinerlei traditionelle oder soziologische ‚Stützelemente' (mehr) hat. Ein Glaube, der selbst Fragen stellt, der oft nur eine einzige Frage i s t, statt (vorschnelle und voreilige) Antworten parat zu haben. Vielleicht ist dieser Satz Bonhoeffers auch deshalb so wichtig, weil er vielleicht das Wesen jedes Glaubens beschreibt. Weil er deutlich machen kann, dass es sich gar nicht wirklich um ‚Glauben' handelt, wenn vieles allzu sicher behauptet wird. Wenn das Leben mit seinen Herausforderungen als klar, sicher, ‚handhabbar' ausgegeben wird.

„Von Gott nicht mehr loskommen können, das ist die dauernde Beunruhigung jedes christlichen Lebens." [12]

Einladung zum Wagnis des Glaubens

„Von Gott nicht mehr loskommen können, das ist die dauernde Beunruhigung jedes christlichen Lebens." - diese Aussage soll als Motto über die nachfolgenden Gedanken und Überlegungen

---

[11] Reinhold Schneider „Der Balkon", Wiesbaden 1957, S. 170 f

[12] Dietrich Bohoeffer „Worte für jeden Tag", Güterslohe2001 (4. Auflage), S.69 (2. September) – entnommen aus Dietrich Bonhoeffer – Lesebuch, 3. Auflage 1994, Güterslohe, S. 119

zu Fragen des Glaubens stehen, die Karl Rahner, Eugen Drewermann, Hans Urs von Balthasar und Hoimar von Ditfurth sich gemacht haben. Ihre Aussagen, Gedanken und Hinweise sind im Letzten eine einzige Einladung. Eine Einladung, sich auf das Wagnis des Glaubens einzulassen. Eines Glaubens, der eines auch immer ist: Eine Beunruhigung! Doch dieses Wagnis des Glaubens einzugehen, ist allein schon deshalb lohnend, weil Fragen des Glaubens immer Fragen des Lebens sind! Darum sind Fragen des Glaubens immer auch daran zu erkennen, ob und wie sie den Reichtum des Lebens erschließen. Ob und wie sie die Tiefe der Hoffnung und die Sinnhaftigkeit der Liebe und des Vertrauens begründen und eröffnen.

Beginnen wir mit

Karl Rahner (1904-1984)

„Kann ich nicht sagen, dass ich recht habe, wenn ich mich an das Licht halte, auch wenn es klein ist, und nicht an die Finsternis, an die Seligkeit, und nicht an die höllische Qual meines Daseins? Wenn ich die Argumente des Daseins gegen das Christentum annehmen würde, was böten sie mir, um zu existieren? Die Tapferkeit der Ehrlichkeit und die Herrlichkeit der Entschlossenheit, der Absurdität des Daseins mich zu stellen? Aber kann man diese als groß, als verpflichtend, als herrlich annehmen, ohne schon wieder…gesagt zu haben, dass es ein Herrliches und Würdiges gibt? Aber wie sollte es dies geben im Abgrund absoluter Leere und Absurdität? Und wer tapfer das Leben annimmt, der hat schon …Gott angenommen…der diese Unendlichkeit der Leere als das Geheimnis, das der Mensch ist, zu erfüllen beschlossen hat mit der Unendlichkeit seiner

Fülle…Wenn das Christentum die mit absolutem Optimismus geschehende Inbesitznahme des Geheimnisses des Menschen ist, welchen Grund sollte ich dann haben, kein Christ zu sein?" [13]

„Es bleibt dem Menschen letztlich keine Wahl: er versteht sich letztlich als platte Leere, hinter die man kommt, um mit dem zynischen Lachen des Verdammten zu merken, dass nichts dahinter ist, oder - da er selber sicher nicht die Fülle ist, die beruhigt in sich ruhen könnte - er wird gefunden von der Unendlichkeit und wird so, was er ist, der, der nicht dahinterkommt, weil das Endliche nur in die unumgreifbare Fülle Gottes hinein überstiegen werden kann."[14]

„Von uns her und für uns allein sind wir ein Rätsel, von uns allein her ein ewig grausames Rätsel, das tödlich ist…Von uns aus wären wir nur wie ein kleiner Punkt Licht in einer grenzenlosen Finsternis, der nichts könnte, als die Finsternis noch schrecklicher machen, wären wir eine Rechnung, die nicht aufgeht: verstoßen in die Zeit, die alles zerrinnen lässt, ins Dasein gezwungen, ohne gefragt zu sein, beladen mit Mühsal und Enttäuschung, sich selbst zur Qual und Strafe durch die eigene Schuld, beginnend den Tod zu leiden im Augenblick, da man geboren wird, ungesichert und gejagt, sich kindisch über all das hinwegtäuschend mit dem, was man die guten Seiten des Lebens nennt, die so aber in Wahrheit nichts wären als das raffinierte Mittel, das dafür sorgt, dass das Martyrium und die Tortur des Lebens nicht zu schnell endet…Dass die Unendlichkeit Gottes die menschliche

---

[13] Karl Rahner "Gegenwart des Christentums", aus "Über die Möglichkeit des Glaubens heute", S.36
[14] Karl Rahner "Schriften zur Theologie", IV, S. 143f

Enge, die Seligkeit die tödliche Trauer der Erde, das Leben den Tod annahm, das ist die unwahrscheinlichste Wahrheit. Aber sie nur - dieses finstere Licht des Glaubens - macht unsere Nächte hell, sie allein macht heilige Nächte."[15]

„Das Christentum stellt also dem Menschen die *eine* Frage, wie er sich im Grunde verstehen wolle: ob als handelndes Wesen nur *im* Ganzen, das mit dem Ganzen als solches nichts zu tun hat...oder als empfangend – handelndes Wesen *des* Ganzen, das es auch mit dieser Bedingung seines Erkennens, Handelns und Hoffens als *solcher* zu tun hat und im zukunftsschaffenden Handeln innerhalb des Ganzen dieses Ganze, die absolute Zukunft selbst auf sich zukommen, für sich selbst Ereignis werden lässt. Das ist im letzten die einzige Frage, die das Christentum stellt."[16]

„Mit Gott, endgültiger Unmittelbarkeit zu ihm, Gnade und Jesus Christus ist ...das Ganze der Heilswirklichkeit umgriffen...Da aber alle diese Worte nur das eine besagen, dass nämlich die Welt eine *absolute* Zukunft, und zwar wirklich als heile besitzt, dass ihr Werden erst in der Absolutheit Gottes selbst ihr Ziel hat, ist es berechtigt, wenn wir sagen, das Christentum sei die Religion der absoluten Zukunft." [17]

„Ist nicht dieser ewige Sündenfall in der Geschichte der Philosophie, nicht nur im Gebiet des Erkennens, der Ausdruck dessen, was im Leben des unerlösten Menschen existentiell immer aufs Neue geschieht: Gott

---

[15] Karl Rahner "Das kleine Kirchenjahr", München 1953, S. 13-15
[16] Karl Rahner in „Der Dialog" – Garaudy – Metz – Rahner, Hamburg 1966, S. 14 f
[17] Karl Rahner in „Der Dialog" – Garaudy – Metz – Rahner, Hamburg 1966, S. 17

nur das sein zu lassen, was die Welt ist, Gott zu machen nach dem Bilde des Menschen...die Möglichkeiten des Menschen... zu bemessen...nach dem, was der Mensch selbst von sich aus ...zu realisieren vermag?"[18]

„Mitten im Innersten des bindungslos gewordenen, des kirchen – und dogmenfreien Menschen stand unversehens eine Gewalt auf, die den scheinbar ganz frei gewordenen Menschen bedrängte und verknechtete. In dem Maße, als er den äußeren Bindungen einer allgemein verpflichtenden Sitte, verpflichtender Grundsätze des Denkens und Handelns sich entzog, in dem Maße wurde er nicht eigentlich frei, sondern verfiel anderen Herrschaften, die von innen her ihn übermächtig überfielen: den Mächten des Triebes, den Mächten des Geltungsstrebens, des Machthungers, den Mächten der Geschlechtlichkeit und des Genusses und gleichzeitig den Ohnmächten der von innen her den Menschen aushöhlenden Sorge, der Lebensunsicherheit, des Sinnschwundes des Lebens, der Angst und der ausweglosen Enttäuschung...Er wollte ganz sich selbst entdecken und in sich die autonome Person von unantastbarer Würde – und hatte eigentlich nach aller Tiefenpsychologie und Psychotherapie und aller Existentialphilosophie und aller Anthropologie, in der sich alle Wissenschaften einfanden, um herauszubringen, was eigentlich der Mensch in seinen tiefsten Gründen und Untergründen sei, nur entdeckt, dass in den tiefsten Tiefen seines eigentlichen Wesens er eigentlich gar nicht – er sei, sondern ein unübersehbares, ungeheuerliches Chaos von allem und jedem, in dem der Mensch eigentlich nur so etwas ist wie

---

[18] Karl Rahner „Schriften zur Theologie III, 1962 (5. Auflage), Einsiedeln, Zürich, Köln, S. 94

ein sehr zufälliger Schnittpunkt dunkler, unpersönlicher Triebe...Weiß der Mensch von heute aus sich wirklich mehr von sich, als dass er eine Frage ist in eine grenzenlose Finsternis hinein, eine Frage, die nur weiß, dass die Last der Fragwürdigkeit bitterer ist, als dass der Mensch sie auf die Dauer erträgt?"[19]

„Man hat schon immer gehofft und geliebt, wenigstens in Spuren und kleinen Ansätzen...man muss (was nicht erzwungen werden kann) diese schon erfahrene Hoffnung und Liebe...in Freiheit bis zum Letzten ihren Lauf lassen durch die immer neuen Anläufe unserer Lebenstat hindurch. Dann wird jene Sicherheit immer aufs neu erfahren...die der Tat der bedingungslosen Hoffnung und Liebe inwendig ist."[20]

„Dem, der es fertigbrächte, sich ruhig, sicher und endgültig in der Alltäglichkeit friedlich zu verbarrikadieren, würde ich nichts zu sagen versuchen. Aber ich bezweifle, dass es Menschen gibt, denen das durch ihr ganzes Leben hindurch gelingt, und ich würde, wenn es einen solchen Menschen dennoch geben sollte, zwar nicht mit ihm diskutieren, aber diese tapfere und verantwortete Entschlossenheit, sich einer totalen Lebensfrage zu versagen, noch einmal für mich als eine anonyme Weise des Glaubens zu interpretieren versuchen...Faktisch erfahren wir uns als die durch dieses Geheimnis Angerufenen, als die, die den ungeheuerlichen Mut haben können und haben sollen, hoffend, liebend, betend dieser Unbegreiflichkeit Gottes als dem bergenden Geheimnis entgegen zu gehen.

---

[19] Karl Rahner in „Beten mit Karl Rahner", Band 1 „Von der Not und dem Segen des Gebetes", Freiburg-Basel-Wien 2004, S. 67 f
[20] Karl Rahner/Karl-Heinz Weger „Was sollen wir noch glauben?", S. 48

Wenn wir nicht vor diesem uns scheinbar tödlich überfordernden Geheimnis umkehren und weglaufen, sondern die unglaubliche Überzeugung uns abverlangen, dass dieses Geheimnis als es selber sich uns gibt und einmal selber unsere Vollendung sein wird, dann glauben wir. Dann nehmen wir den <<agnostos>> Gott, der der Grund unseres wahren Agnostizismus ist, als die wahre Erfüllung an."[21]

Die entscheidende Frage

Wo die Frage nach dem Menschsein nicht verdrängt wird, hat die Antwort der Religion überhaupt erst eine Chance anzukommen. Denn nur sie lehrt uns, uns selbst und die Welt um uns und mit uns zuallererst als Geschenk zu begreifen. Und sie hat gute Gründe dafür. Einer davon ist, dass der Mensch

„sich auf die Dauer nicht anbeten kann, weil dieser Gott doch zu armselig ist." [22]

Ein weiterer Zeuge des Glaubens, der sich dieser entscheidenden Frage widmet, ist

Eugen Drewermann (geb. 1940)

„Wie nötig wäre Religion. Wer, wenn nicht sie, könnte den Menschen sagen, dass sie mehr sind als Übergangsgebilde im Stoffwechselhaushalt der Natur, dass sie zu schade sind, um sich als Konsumenten und

---

[21] Karl Rahner „Schriften zur Theologie", XV, S. 134-137
[22] Karl Rahner „Von der Not und dem Segen des Gebetes", Innsbruck 1949, S. 35

als Produzenten im Wirtschaftskreislauf dubioser Kapitalverwerter zu verschleißen..."[23].

„Feststeht, dass eine rein positivistische Geschichtsschreibung mit analytisch-kausalen Kategorien die Geschichte in einen sinnlosen Prozess verwandeln muss, innerhalb dessen alle Bedeutungen bloße Epiphänomene sind...Weder ist die Geschichte bloßes Schicksal (bloßer Prozess), reiner Determinismus, noch ist sie bloßer Plan, sie ist...das Ineinander von Plänen und Resultaten, von Finalitäten und Gegen-Finalitäten, von Freiheit und Entfremdung...Ohne die Freiheit des handelnden Menschen wäre die Entfremdung keine Entfremdung."[24]

„Es ist einzig die Liebe, die uns lehrt, dass wir mehr sind als nur ein Teil der Natur. Nichts von all dem, was uns umgibt, beantwortet irgendeine wesentliche Frage unseres Lebens.... Die Erde ermöglicht uns, aber wir sind ihr gleichgültig. Und bliebe es nur dabei, müssten wir fast denken, dass sich die Natur erlaubt hätte, mit uns gewissermaßen Scherz zu treiben, indem sie Wesen hervorbringt, die immerzu Fragen ihren Köpfen haben, auf die sie nicht nur zu antworten sich weigert, sondern die sie mit ihren toten Gesetzen gar nicht beantworten kann...[25]

„Wir sagten, dass es völlig unzureichend ist, wenn ein Mensch erklären würde, dass er nichts weiter sei als das Kind seiner Eltern.... Er würde soziologisch ständig abhängig bleiben von seinem Milieu... Selbst wenn seine

---

[23] Eugen Drewermann „Wendepunkte", Ostfildern 2014, S.9f
[24] Eugen Drewermann "Strukturen des Bösen", III, Paderborn 1988, S.348 ff
[25] Eugen Drewermann „Das Wichtigste im Leben", Ostfildern 2015, S. 88 f

Eltern gewünscht hätten, dass ein Kind wie er geboren werden würde, ihn als Person hätten sie gar nicht wünschen können. Mit anderen Worten: Unsere individuelle Existenz ist das wirkliche Problem...Es gibt keine hinreichende Erklärung dafür, dass es mich in meiner Individualität gibt... Mit der Entstehung des menschlichen Bewusstseins riskiert die Evolution zum ersten Mal eine Lebensform, die an sie selber, an die Natur, Fragen richtet, die sie definitiv in ihrem eigenen Rahmen als Natur nicht beantworten kann. Sie schafft zum ersten Mal ein Lebewesen, das radikal sein Ungenügen findet in einer Natur, die zu allen Fragen, die wichtig sind, schweigen wird..."[26]

„Manchmal tun die Physiker, Stephen Hawking etwa, tatsächlich so, als wenn sie die Gedanken Gottes denken könnten...Natürlich kann die Welt durch Zufall, durch Quantenvakuumfluktuation entstanden sein...Aber wie wir als Menschen darin leben, wird kein Naturwissenschaftler sagen. Auch und gerade der eingangs erwähnte Richard Dawkins kann nur sagen: Nach den Gesetzen, die ich als Biologe formuliere, möchte ich nicht, dass Menschen leben. Ja, aber wie kommen wir dann dazu, als Menschen zu leben? ...Gott braucht keine Religion, und die Natur hat keine Religion. Aber nötig haben, um richtig menschlich zu leben, wir Menschen den Bezug zu Gott."[27]

„Bewusstsein ist keine Substanz, sondern ein Prozess...ein Prozess, der im Gehirn für das Gehirn stattfindet, eine Rückkopplung auf sich selber."[28]

---

[26] Eugen Drewermann „Wir glauben, weil wir lieben", Ostfildern 2010, S. 157 ff
[27] Eugen Drewermann „Nur die Liebe lehrt uns glauben", Oberursel 2010, S. 70 f
[28] Eugen Drewermann „Wir glauben, weil wir lieben", Ostfildern 2010, S. 155

„Menschsein bedeutet…, dass wir in ein Feld eintreten, dass die Neurologie zwar in ihren Mechanismen begründen kann, das aber eine Fülle von Fragen aufwirft, die damit überhaupt erst entstehen und von denen die Neurologie ganz simpel sagen muss: Das ist nicht unsere Zuständigkeit. Fragen nach Sinn können wir nicht neurologisch stellen, nach Liebe eigentlich auch nicht. Wir können zeigen, wie ein Bewusstsein arbeitet, das solche Fragen hat. Wir können auch zeigen, dass eine Neigung im Gehirn existiert, bestimmte Antworten zu entwerfen; mehr aber nicht…Mit der Entstehung des menschlichen Bewusstseins riskiert die Evolution zum ersten Mal eine Lebensform, die an sie selber, an die Natur, Fragen richtet, die sie definitiv in ihrem eigenen Rahmen als Natur nicht beantworten kann. Sie schafft zum ersten Mal ein Lebewesen, das radikal sein Ungenügen findet in einer Natur, die zu allen Fragen, die wichtig sind, schweigen wird…Alle Religion besteht darin, das Ungenügen an der Natur mit etwas aufzulösen, aus dem alles Dasein, die ganze Natur selber, ihre Ableitung und ihre Berechtigung erfährt… Wer zu der Überzeugung kommt, dass individuelles Leben an sich nicht wichtig ist…wer den Biologismus in die Sozialbetrachtung und in die Umgangsweisen mit Menschen einführt, der braucht im Grunde keinen Gott. Er wird aber dessen geständig sein müssen, dass die Anschauung, die er vertritt, sich weit entfernt von dem, was wir kulturell als menschlich bezeichnen. Was er betreibt, ist der Rückfall in die Barbarei mit zivilisierten Mitteln vielleicht, aber unterhalb des Menschseins. Mit einem Wort: Wir sind Menschen geworden, indem wir uns durch den langen Gang der kulturellen Evolution aus der Natur herausgelöst haben… Personsein ist überhaupt kein Vorgang, der in einem individuellen Gehirn zustande käme, sondern der sich zwischen den

Gehirnen austauscht vermittels von Sprache. Person entsteht, indem ein Individuum ein anderes anredet als unverwechselbar, mit einem eigenen Namen, und wenn es umgekehrt sich zurückmeldet, indem es den Namen des anderen lernt. Jedes Kind wird auf diese Weise groß, und einzig dieser Weg führt dahin, sich als eine individuelle Person zu erleben. Von da an beginnen all die Fragen, auf welche die Natur keine Antworten mehr hat. Sie führen dahin, dass wir uns eine Macht vorstellen, die selber Person ist und die von Anfang an mit uns geredet hätte...Der Gedanke der Schöpfung stammt im Grunde aus der Unzufriedenheit mit dem, was wir als Weltwirklichkeit antreffen. Da ist eine riesige Diastase zwischen den menschlichen Fragen und dem, was wir vorfinden...Kein Mensch darf mit einem anderen Menschen – ich behaupte: auch nicht mit einem Tier – so umgehen, wie die Natur es jederzeit tut. Dieser Unterschied ist absolut...Wohlgemerkt, dieser Gedanke stammt in keiner Weise aus der Ursachenforschung nach bestimmten Naturzusammenhängen...Er verbleibt ganz und gar in den Fragen, die nur wir Menschen an die Welt und an uns selber richten können, und er stiftet eine Antwort, die der Daseinshermeneutik dient, der Vermittlung von Sinnzusammenhängen, nicht von Kausalzusammenhängen."[29]

„Wenn jemand verzweifelt ist, fragt er sich, warum er überhaupt lebt; wenn jemand gelangweilt ist, fragt er sich, was für einen Sinn sein Leben haben soll. Nur wenn wir sehr glücklich sind, stellen sich derartige Fragen scheinbar gar nicht mehr, sondern beantworten sich von

---

[29] Eugen Drewermann „Wir glauben, weil wir lieben", Ostfildern 2010, S.156-168

innen her wie von selbst, durch ein Gefühl der Sicherheit und der Geborgenheit im Dasein."[30]

„Vor dieser Alternative steht man heute: entweder man setzt am Menschen seine biologischen Antriebe als das Wesentliche und reduziert infolgedessen sein Geistesleben auf die ‚Verschleierung' gewisser ‚primärer' Bedürfnisse; man nimmt im Rahmen eines rein evolutionären Denkens das, was zeitlich später in Erscheinung tritt (Geist, Bewusstsein), für das, was auch ontologisch als etwas Abgeleitetes, als etwas wert - und wesensmäßig Sekundäres verstanden werden müsse,- dann bleibt keine andere Hoffnung, als die von Freud bereits verschiedentlich geäußerte: es möge eines Tages zur Lösung der Menschheitsfragen die gesamte psychoanalytische Therapie durch eine bessere Kenntnis von ‚besonderen chemischen Stoffen' ersetzt werden, mit deren Hilfe man ‚im seelischen Apparat direkt' auf die menschlichen Ängste und neurotischen Störungen Einfluss nehmen könne...Oder es müsste dem Menschen gelingen, die Angst seiner kontingenten Freiheit zu beruhigen in einer absoluten Freiheit, die ihm gegenübersteht und von der er sich gehalten und getragen weiß; die Fragen des Geistes müssten dann beantwortet werden von einem absoluten Geist hinter der dunklen Unbewusstheit des größten Teils der Menschenpsyche und der gesamten schweigenden Vernunft der uns umgebenden Natur."[31]

---

[30] Eugen Drewermann, „Das Markusevangelium", zweiter Teil, Düsseldorf 1994, S. 285 f
[31] Eugen Drewermann „Strukturen des Bösen", III, München, Paderborn, Wien 1978, 8. Auflage 1996, S. XXIX

Das Faktum, dass der Mensch i s t, genügt – wirklich?

Dieses unumstößliche ‚Dogma' des Positivismus und Materialismus greift heute um sich in einer Art und Weise, die einem den Atem verschlägt. Religion ist ‚von gestern'. So tönt es von den ‚Kanzeln' der Ideologen und Propagandisten. Religion ist irrelevant. Man braucht sich mit ihr nicht zu befassen, weil es sinnlos ist. Sie kommt nirgends mehr vor, sie kann keinen Sinn vermitteln und keine sinnvollen Aussagen treffen, weil sie keine messbaren Kriterien bereit zu stellen vermag, an denen ihre Antworten ablesbar sind und auf Gültigkeit verifiziert werden können. Religion ist belanglos, alltagsuntauglich, entbehrlich, ‚nicht der Rede wert'.

Der bekannte Schweizer Theologe

Hans Urs von Balthasar

hält nicht nur dagegen. Er zeigt die innere Widersprüchlichkeit dieser Positionen auf, weil sie der Herausforderung durch die Wirklichkeit gar nicht entfliehen können:

> „Marx hat zu philosophieren aufgehört, als er Hegel entsagte; so wird die Sinnfrage im Ganzen nie mehr gestellt. Das Faktum, dass der Mensch i s t, genügt. Dies Faktum selber erhellt kein Licht. So kann den Prozess schließlich nur eine absolute Notwendigkeit führen. Weder Gott noch Mensch, sondern die Logik der Sache, des Kapitals, dirigiert die Geschichte...Die beiden Hauptspieler des Dramas: der Kapitalist und das Proletariat spielen der einzig aktiven Kraft, dem Kapital,

gegenüber die durchaus passive Rolle von Getriebenen... "[32]

„Es findet wie ein Wettlauf statt, wer wirksamer und tiefer diese Freiheit verstehen und durchsetzen kann. Der Atheismus ist ganz mit diesem Thema beschäftigt: Befreiung der Vernunft von den Fesseln des Glaubens (Aufklärung), Befreiung des wirtschaftlich versklavten Menschen zu menschenwürdiger Arbeit (Marx), Befreiung des Individuums von den Ketten seiner unbewältigten Vergangenheit (Freud), Befreiung der gesamten Menschheit vom Alpdruck eines nicht mehr geglaubten, als Leiche in der Weltgeschichte mitgeschleppten Begriffes Gott (Nietzsche)"[33]

„Dort erübrigt sich auch die Angst vor der Provokation durch atheistische Freiheitsentwürfe. Denn sie alle stehen schließlich mit den Christen zusammen in der gleichen Provokation durch die Weltwirklichkeit selbst...und können ihr nur mit einer diese Wirklichkeit transzendierenden Utopie begegnen. Nie wird innerweltlich das Herr – Knecht – Verhältnis völlig aufhebbar sein Marx), nie wird der Mensch seinen Ursprung völlig einholen und verarbeiten (Freud), nie wird er als ‚Übermensch' der vollkommen Schenkende, sich niemandem Verdankende sein (Nietzsche). Nie wird in dieser Welt der Mensch den wahrhaft freien ‚homo absconditus' (Bloch) aus sich selber heraus zaubern oder eine aggressionslose Natur (Marcuse) konstruieren können. Der christliche Freiheitsentwurf ist doch größer als alle diese Entwürfe, da er die Freiheit zum Tode nicht nur (mit der Stoa und Buddha) einholt, sondern sie

---

[32] Hans Urs von Balthasar "Herrlichkeit", Band III, 1, Teil 2, S.927
[33] Hans Urs von Balthasar „In Gottes Einsatz leben", Johannes Verlag Einsiedeln,1971, S.14

überholt im freien Glauben Christi, dass Gott ihn, den ganzen Menschen – mit seinen Brüdern, mit Geschichte und Kosmos – ins Heile heben wird am ‚dritten Tag'"[34]

„Das Gehirn hat das Denken nicht erfunden…"

Hoimar von Ditfurth (1921-1989)

verdanken wir die ‚faktenbasierte' Erkenntnis, dass es doch eine „wahrhaft aberwitzige Vorstellung (ist), wenn wir immer so tun, als sei das Phänomen des Geistes erst mit uns selbst in dieser Welt erschienen." Denn:

„Das Gehirn hat das Denken nicht erfunden…So wenig, wie die Beine das Gehen erfunden haben oder die Augen das Sehen. Beine sind die Antwort der Evolution auf das Bedürfnis nach Fortbewegung auf dem festen Boden gewesen. Und Augen waren eine Reaktion der Entwicklung auf die Tatsache, dass die Oberfläche der Erde von einer Strahlung erfüllt ist, die von festen Gegenständen reflektiert wird. Dieser Umstand erst gab der Evolution die Möglichkeit, Organe zu entwickeln, die sich dieser Strahlung zur Orientierung bedienten. So gesehen sind Augen also ein Beweis für die Existenz der Sonne. So, wie Beine ein Beweis sind für das Vorhandensein festen Bodens und ein Flügel ein Beweis für die Existenz von Luft. Deshalb dürfen wir auch vermuten, dass unser Gehirn ein Beweis ist für die reale Existenz einer von der materiellen Ebene unabhängigen Dimension des Geistes. Wenn wir diesen Gedanken verfolgen, stoßen wir auf die wohl grundlegendsten aller unserer anthropozentrischen Missverständnisse und

---

[34] Hans Urs von Balthasar „In Gottes Einsatz leben", Johannes Verlag Einsiedeln,1971, S. 114

Selbsttäuschungen: Es ist doch eine wahrhaft aberwitzige Vorstellung, wenn wir immer so tun, als sei das Phänomen des Geistes erst mit uns selbst in dieser Welt erschienen. Als habe das Universum ohne Geist auskommen müssen, bevor es uns gab. Genau die umgekehrte Perspektive dürfte dem wahren Sachverhalt sehr viel näherkommen: Geist gibt es in der Welt nicht deshalb, weil wir ein Gehirn haben. Die Evolution hat vielmehr unser Gehirn und unser Bewusstsein allein deshalb hervorbringen können, weil ihr die reale Existenz dessen, was wir mit dem Wort Geist meinen, die Möglichkeit gegeben hat, in unserem Kopf ein Organ entstehen zu lassen, das über die Fähigkeit verfügt, die materielle mit dieser geistigen Dimension zu verknüpfen." [35]

„Bessere Lieder müssten sie mir singen…"

Mit diesem Schlachtruf war das Drama eröffnet. Welches Drama? Das Drama des „tollen Menschen", der sich einbildete, er habe „Gott getötet". Er philosophierte sich voller Hybris in eine selbstherrliche Pose, die vorgab, einen Schwamm zu besitzen, der in der Lage war, auch den allerletzten Horizont auszulöschen. Die gewaltige Bildersprache des Röckener Pastorensohnes

Friedrich Nietzsche (1844-1900)

war es aber auch, die so deutlich wie nur möglich die Konsequenzen beschrieb, in die der Mensch ohne Gott geriet. Wenn die Erde sich von der Sonne losgekettet hat, so

---

[35] Hoimar von Ditfurth „Der Geist fiel nicht vom Himmel", München 1980, S. 318

Nietzsche, dann taumelt sie ort- und zeitlos, ziel – und orientierungslos im unendlichen Weltall umher. Wir wissen um das tragische persönliche Schicksal von Friederich Nietzsche, der nach einer gewaltigen geistigen Eruption in einen fast zehnjährigen geistigen Dämmerzustand fiel, bis ihn der Tod dann wirklich erlöste. Doch ist dieser Dämmerzustand nicht zum Teil auch ein Kennmerkmal unserer Tage? Leben wir nicht in einer Zeit, die vor Grauen, vor Gräuel zu vergehen scheint? Erleben wir nicht eine Kluft von ‚Habenichtsen' zu Superreichen, deren Pläne tatsächlich wahnwitzig sind und die ihre oft absurden Ansprüche gegen jeden Verstand, gegen jede Moral und gegen jeden Anstand durchsetzen? Durchsetzen um buchstäblich jeden Preis? Denen es egal ist, ob die Schöpfung irreparabel zerstört wird, denen es egal ist, wie viele Opfer ihrer Profitgier und ihrem Imperialismus anheimfallen. Die zwischen Lüge und Wahrheit weder unterscheiden wollen noch wohl unterscheiden können.

> „Bessere Lieder müssten sie mir singen, dass ich an ihren Erlöser glauben lerne: erlöster müssten mir seine Jünger aussehen!"[36]

So sagte es einst der Dichter des „Anti-Christen". Ihm entgegen hielt – aus guten Gründen und mit tieferem Blick

Karl Rahner (1904-1984),

dass dieser Zustand nicht zwangsläufig so sein muss. Wenn, ja wenn der Mensch – endlich, möchte man sagen – anfängt sich zu besinnen. Zu besinnen darauf, dass er nicht zuerst der Macher ist, sondern der, der empfangen hat und empfängt. Der,

---

[36] Friedrich Nietzsche „Also sprach Zarathustra", Leipzig 1941, S. 98

der nicht im Status des Habens existiert, sondern der im Allerletzten immer ein Angewiesener ist – und bleibt. Der, der ein „Hörer des Wortes" ist – und bleibt. Angewiesen auf ein Wort des Zuspruchs, der Annahme des Verzeihens, des Wohlwollens, der Liebe. Doch dafür ist Metanoia unumgänglich, Um-kehr. Der Mensch – gerade der Mensch von heute – muss eine ‚Kehre' vollziehen. Er muss sie vollziehen, um aus der Entfremdung (endlich) wieder zu sich selbst zurückzufinden. Zu sich, d. h. zu einer Existenz des Seins, zu einem Leben, in dem Dankbarkeit und Freude, Hoffnung und Vertrauen (wieder) Grundpfeiler sind. Doch dafür ist eine ehrliche ‚Gewissenserforschung' vonnöten, denn:

> „Zunächst müsste man zurückfragen, ob der Mensch sich heute unerlöst erfährt, eingesperrt in die Hölle seiner Schuld, ummauert von seinen tausend Endlichkeiten und Enttäuschungen. Wenn der Mensch von heute diese seine Unerlöstheit nicht vorlässt…dann kann er natürlich auch seine Erlöstheit nicht erfahren."[37]

Wie sähe es denn tatsächlich aus, wenn der Mensch „seine Unerlöstheit" wirklich vorlassen würde?

Eugen Drewermann (geb. 1940)

gibt hierzu abschließend eine Antwort, die an Eindringlichkeit und Deutlichkeit nichts zu wünschen übriglässt, wenn er schreibt:

---

[37] Karl Rahner/ Karl -Heinz Weger „Was sollen wir noch glauben?", Freiburg-Basel-Wien 1979, S. 146

34

„So läuft denn alles auf die Frage hinaus, zu wem der Mensch sich wesentlich verhält...Um aus dem Getto der mythischen Vielgötterei und neurotischen Zwänge herauszutreten, bedarf es einer Erfahrung, in der die Angst auf dem Untergrund der Existenz...überwunden wird...Die Angst der Existenz beruhigt sich nur durch das Vertrauen in die Liebe einer anderen Person. Diese Person aber kann nie ein Mensch, sondern...nur Gott allein dem Menschen sein...Der Abgrund der Angst könnte nur überwunden werden durch einen absoluten Grund der Existenz; aber man wird nie, durch keinerlei Anstrengung, den Angsttraum der Selbstvergöttlichung, des eigenen absoluten Seins...verwirklichen."[38]

„In aller Klarheit: wenn von Gott nicht als einer vom menschlichen Du, vom menschlichen Geist und von der menschlichen Psyche verschiedenen Person die Rede ist, wird man in der Beschreibung der Störquellen und Störmechanismen der zwischenmenschlichen Beziehungen nicht über die Neurosenlehre, die Existentialanalyse oder den dialektischen Materialismus hinauskommen, ja es ist in Anbetracht der Hoffnungslosigkeit, die darin liegt, dass es nichts über den Menschen hinaus gebe, sehr unwahrscheinlich, dass man überhaupt die Radikalität und Totalität einer solchen Ausweglosigkeit akzeptieren wird...Der Weg in die Gnosis, in die Verunendlichung der Psychologie, bzw. in den Pantheismus, in die Verunendlichung der Schöpfung, ist dann nicht mehr aufzuhalten. In der Praxis wird eine solche ‚Theologie' darum wie eine „So läuft denn alles auf die Frage hinaus, zu wem der Mensch sich wesentlich verhält...Um aus dem Getto der mythischen

---

[38] Eugen Drewermann „Strukturen des Bösen" III, München, Paderborn, Wien 1978, 8. Auflage 1996, S. XLI f

Vielgötterei und neurotischen Zwänge herauszutreten, bedarf es einer Erfahrung, in der die Angst auf dem Untergrund der Existenz...überwunden wird...Die Angst der Existenz beruhigt sich nur durch das Vertrauen in die Liebe einer anderen Person. Diese Person aber kann nie ein Mensch, sondern...nur Gott allein dem Menschen sein...Der Abgrund der Angst könnte nur überwunden werden durch einen absoluten Grund der Existenz; aber man wird nie, durch keinerlei Anstrengung, den Angsttraum der Selbstvergöttlichung, des eigenen absoluten Seins...verwirklichen."[39]

Teil 3 – Was mich leben lässt

I. Situationsanalyse

Im Interviewband „Gott und die Welt" wird der spätere Papst Benedikt XVI., damals noch Joseph Kardinal Ratzinger und ‚Chef' der Glaubenskongregation in Rom, gefragt nach neuen Gefahren für den Glauben. Der ‚oberste Glaubenshüter', wie Ratzinger seinerzeit teils respektvoll, teils auch abschätzig beurteilt wurde, gab auf diese Frage eine Antwort, die auch Jahrzehnte später an Bedeutung nichts verloren hat:

„Nicht, dass man die Christen offen verfolgte, das wäre viel zu altmodisch und zu unpassend. Nein, man ist ganz tolerant, man ist natürlich für alles offen. Aber es gibt dann um so entschiedener Dinge, die ausgeschlossen und die dann als fundamentalistisch dekretiert werden, auch dort, wo es sich um wirklichen Glauben handeln kann. Und ich denke, hier kann es durchaus zu einer

---

[39] Eugen Drewermann „Strukturen des Bösen" III, München, Paderborn, Wien 1978, 8. Auflage 1996, S. XLI f

Situation kommen, in der sich Widerstand bilden muss, und zwar gegenüber einer Diktatur scheinbarer Toleranz, die den Anstoß des Glaubens dadurch ausschaltet, dass sie ihn als intolerant erklärt. Hier kommt dann wirklich die Intoleranz der >>Toleranten<< zum Vorschein.

Der Glaube sucht nicht den Konflikt, er sucht den Raum der Freiheit und des gegenseitigen Sichertragens. Aber er kann sich nicht durch standardisierte und als der Moderne angemessene Etiketten formulieren lassen. Der Glaube ist in einer höheren Treue Gott gegenüber verpflichtet und muss dann auch mit Situationen einer ganz neuen Art von Konflikten rechnen." (Joseph Kardinal Ratzinger „Gott und die Welt – Glauben und Leben in unserer Zeit" – Ein Gespräch mit Peter Seewald, DVA 2000, S. 390)

II. Glaube und Welterfahrung

„Der Glaube... muss dann auch mit Situationen einer ganz neuen Art von Konflikten rechnen." Mir geht dieser Satz nicht aus dem Kopf. Welche neue Art von Konflikten meint Ratzinger? Konnte er seinerzeit schon ahnen, welche Auswirkungen die Digitalisierung hat, welche Möglichkeiten durch KI dem Menschen in die Hand gegeben sind? Selbst deren Schöpfer warnen vor unabsehbaren Folgen. Dabei ist die moderne Kommunikationsgesellschaft eine menschliche Schöpfung! Wir sollten nicht das verteufeln und schlechtreden, von dem wir tagtäglich einen großen Nutzen beziehen. Das Problem ist weder KI, noch sind es die modernen Kommunikationsmittel. Sie sind als ‚Sachmittel' wertneutral. Das Problem ist – der Mensch!

Wenn heute allenthalben eine diffuse Verunsicherung eingesetzt hat, verbunden mit Zukunftsängsten, mit der Frage, was denn noch gilt angesichts der überbordenden Fülle an Informationen, wobei eine Meinung fast immer eine Gegenmeinung nach sich zieht und beide – mit guten Gründen – für sich Glaubwürdigkeit einfordern – wer weiß dann noch Rat, wenn er um ein Gespräch hierüber gebeten wird? Wer kann da noch sagen, er weiß, was Wahrheit ist? Wer kann sagen, was richtig und falsch, was gut und was böse ist. Wer traut sich, wer wagt es heute noch, überhaupt von Wahrheit zu reden, von Sinn, wenn alles nur relativ zu sein scheint und schon morgen überholt ist in seinem Wahrheitsgehalt. Was gestern galt, gilt heute schon längst nicht mehr. Und so geht es weiter – in immer größerem Tempo. Wer weiß noch um eine Lebensperspektive angesichts von Allmachtsphantasien und Ohnmachtsgefühlen, von abgrundtiefen Ängsten und Verunsicherungen? Wie lebt es sich in einer Welt, in der scheinbar alles möglich und machbar, vor allem alles manipulierbar ist und manipuliert zu sein scheint?

Ist das die neue Art von Konflikten, von denen Ratzinger spricht und denen der Glaube ausgesetzt ist? Jener Glaube Jesu, von dem dieser sagt, dass ER „der Weg, die Wahrheit und das Leben ist"? Mitunter mag es scheinen, als dass die „Schleifung der Bastionen" (Buchtitel von Hans Urs von Balthasar) kirchlichen Lebens allenthalben nur Unsicherheit erzeugt, Angst, Ohnmacht. Und dass die Sehnsucht wächst – gerade heute – wieder rasch zu flüchten in „das Haus voll Glorie", das „weit über alle Land" (Kirchenlied) leuchtet, das Schutz und Sicherheit bietet auf Basis irritationsfester Identität. Doch das ist mitnichten so, denn schon vor Jahrzehnten lautete der ‚Befund':

> „Die Christen erleben, wie keine Generation zuvor, wie zweideutig aller irdische Fortschritt ist, wie leicht und beinahe automatisch die Werkzeuge, die dem Menschen

die Herrschaft über Zeit und Raum einhändigen, ihn selbst unversehens in Ketten schlagen und entmenschen. Und je mehr materielle Macht ihm zufällt, desto mehr ballen sich die Machtblöcke – notwendig gegeneinander. Denn materielle Macht treibt von selbst dem widergöttlichen Geist und gesteigerten Willen zur Macht zu; es wäre ein unausdenkbares Paradox, wenn die Menschheit die ihr zugespielte Machtfülle in der Gesinnung dessen zu verwalten und zu verteilen verstünde, der nicht kam, um zu herrschen, sondern um zu dienen." (Balthasar, Kleine Fibel für verunsicherte Laien", Einsiedeln – Trier 1989, S. 99)

Dieses „unausdenkbare Paradox" kann man deutlich erkennen, denn:

„Seit Jesus Christus mit dem Anspruch auftrat, als Sohn Gottes die unmittelbare Darstellung seines göttlichen Vaters zu sein und den Geist Gottes zu besitzen und ihn sogar zu verleihen: seither kann der Mensch sich anmaßen, selber das Absolute, das Autonome sein zu wollen, das sich selber Gesetz ist...dies sehen wir in vielerlei Formen der Neuzeit heraufziehen, pathetisch-tyrannisch oder ganz alltäglich. Als habe Jesus Christus den Menschen in den Kopf gesetzt, sie seien im Grunde göttlich und könnten in einen leergewordenen Himmel auffahren und den freigewordenen Platz besetzen (Ernst Bloch). Hier wird nur eins vergessen: dass Christus in der Gestalt der >>Erniedrigung<< erschien...Auf diese beiden Weisen der Vergöttlichung des Menschen wird die Weltgeschichte...zulaufen." (Hans Urs von Balthasar „Das Christentum und die Weltreligionen" – Ein Durchblick, Freiburg 1989, S. 16)

III. „Licht am Ende des Tunnels"? Mut zur Tugend

Christus in der Gestalt der >>Erniedrigung<< und der Anspruch des ‚autonomen Menschen", „selber das Absolute, das Autonome" zu sein – das scheint d i e Herausforderung für den Glauben und das Leben, die Liebe und die Hoffnung heute gleichermaßen zu sein. Begegnet uns hier nicht der allererste ‚Sündenfall'? Der Wunsch, wie Gott sein zu wollen, ja, Gott selbst sein zu wollen – er steht auf den ersten Seiten des Lebensbuches Bibel. Und er ist alles andere zunächst als Hochmut, Stolz oder Arroganz. In allererster Linie ist er das Ergebnis von Angst. Angst, nicht zu genügen, nicht ‚cool' genug zu sein, nicht anerkannt, nicht geliebt. Um diese Angst nicht hochkommen zu lassen, sie zu verdrängen, muss man sich vor anderen groß aufführen. Sich aufblasen wie ein Frosch, bis er platzt. Um dieser Gefahr zu entgehen, ist es doch besser, gleich selbst Gott zu sein.

Wie sich der eine Teil dieser Alternative aufführt, kann man leicht erkennen, sowohl am Tonfall als auch an der Lautstärke, an der Unfähigkeit, dem anderen zu zuhören und an der Empathielosigkeit, sich in die Situation des anderen hineinzudenken und hineinzufühlen. Stattdessen der prahlerische, laute, propagandistische Zug, zu meinen und vorzugeben, man wisse doch längst, „wie alles gespielt wird", man habe doch längst „alles schon durchschaut".

„Aus dieser schrecklichen Tendenz, einzelne Wirklichkeiten und Werte absolut zu setzen, zu vergöttlichen, zu vergötzen…erwachsen dann Fanatismus der Weltanschauungen, die entsetzliche Intoleranz der gesellschaftlichen Systeme, die tobende Lautstärke der Propaganda, die arrogante und entsetzlich dumme Schwarz-Weiß-Malerei in der Politik…" (Aus Karl Rahner „Schriften zur Theologie",

XIV; Zürich-Einsiedeln-Köln 1980 – Die in Klammern gesetzten Zahlen sind die Seitenzahlen in diesem Band; hier 420 – Der Aufsatz Rahners trägt übrigens den bezeichnenden Titel: „Die unverbrauchbare Transzendenz Gottes und unsere Sorge um die Zukunft")

Welche konkreten Auswirkungen dieser „Fanatismus der Weltanschauungen" hat, ist zudem ebenfalls leicht erkennbar, denn

„Skeptischer Relativismus...und ideologischer Fanatismus... sind die beiden falschen Konsequenzen, die man sehr leicht aus der unaufhebbaren Differenz zwischen der Problematik der Reflexion und der Absolutheit der Entscheidung, zwischen Theorie und Praxis zieht." (Karl Rahner/ Bernhard Welte „Mut zur Tugend" – Von der Fähigkeit, menschlicher zu leben", S.16)

Wie geht man mit all dem um? Die Analyse ist immer nur eine Seite der Medaille. Jene Seite, über die man sich sogar rascher einigen kann als über die andere, die nach dem angemessenen Umgang fragt angesichts dieser Ergebnisse. Und viele bleiben bei der Analyse stehen. Ja, sie werden durch moderne ‚Filterblasen' der Informationen in ihren Urteilen – oder sollte man sagen Vorurteilen? – bestärkt. „Man weiß Bescheid", „Wir wissen Bescheid" – man schafft durch dieses Wissen – das unumstößlich scheint – eine ‚Gemeinschaft der Wissenden'. Vielleicht auch der ‚vermeintlich Eingeweihten'. Hier fühlt man sich wohl, hier ist man wer, hier ist man ‚sicher', wird anerkannt, hier gehört man dazu.

Dass dies alles nur virtueller Schein ist, der erkauft ist durch das Ausblenden vieler anderer Aspekte und Perspektiven, das wird nicht nur nicht gesehen. Das s o l l nicht gesehen und erkannt werden, denn dann fällt ja auf, um was es sich in Wirklichkeit handelt: Um eine subtile Form von Manipulation, um Machtausübung über das Denken – letztlich auch über das Handeln. Darum ist eine Dezentralisierung von Macht so unerlässlich, darum sind Austauschprogramme und transparente Aushandlungsprozesse zwingend notwendig. Nichts kann optimal umgesetzt werden, aber das Bemühen um Transparenz, um Fairness, um Dezentralisierung sind notwendige Schritte im wörtlichen Sinne, d. h. sie sind wichtig, um die Not zu wenden. Darum dürfen sie auch nicht nicht unterlassen werden.

> „Man darf nichts einzelnes absolut setzen, auch sich selber nicht; man soll alles wichtig nehmen und doch nichts so ganz wichtig nehmen; man soll nicht meinen, alles zu wissen und alles beherrschen zu können; man muss sich loslassen können ohne vorausgehend nachgeprüfte Garantie, dass man ankommt…Wenn man dies tut, immer aufs Neue versucht…dann liebt man Gott, dann erst versteht man, was mit diesem Wort überhaupt gemeint ist, dann fallen die Götzenbilder am Weg unseres Lebens, auch die Götzen, zu denen wir legitime Zukunftsplanung und nur zu verständliche Zukunftsangst gemacht haben." (421)

Das erfordert vor allem eines, nämlich „Mut zur Tugend"[40]. Doch was ist das genau, dieser „Mut zur Tugend"? Hier kommt Karl Rahner die große Weisheit ignatianischer Spiritualität zu Hilfe. Sie kann auch – und gerade heute – hilfreich sein bei der Suche nach Orientierung, nach Sinn und Ziel. Rahner gibt zur Vermeidung von Extremen bzw. zum Umgang mit ihnen, bei denen einerseits kein Konsens mehr angestrebt werden kann, weil ein Diktat keine Abweichung zulässt und andererseits der

---

[40] „Mut zur Tugend" – Von der Fähigkeit, menschlicher zu leben", Herausgegeben von Karl Rahner und Bernhard Welte", Freiburg-Basel-Wien 1979)

ängstlichen Reserviertheit, die sich nichts mehr traut und zutraut, weil „man ja nie wissen kann, ob man richtig liegt", folgende pragmatische,Hilfestellung':

> „Zwischen diesen beiden Extremen gibt es eine Mitte; sie ist eine Tugend und diese Tugend scheint mir namenlos zu sein. Diese Mitte, in der die vorausgehende Reflexion auf die Legitimität einer Entscheidung ernst genommen wird, und in der dennoch von dieser Reflexion nicht mehr verlangt wird, als sie leisten kann, deren Problematik ehrlich eingestanden wird und die trotzdem nicht den Mut einer ruhigen und tapferen Entscheidung verhindert, markiert das richtige Selbstverständnis des Menschen, der weder der Gott einer schlechthinnigen und allseitigen Sicherheit und Klarheit ist, noch das Wesen einer leeren Beliebigkeit, in der alles gleich richtig und gleich falsch ist, der Konturen hat, die zu respektieren sind, obwohl sie den Glanz des Göttlichen und Selbstverständlichen nicht haben…Sie ist die Tugend des tätigen Respekts vor der gegenseitigen Bezogenheit *und* gleichzeitigen Unzurückführbarkeit von Theorie und Praxis, von Erkenntnis und Freiheit. Sie ist die Tugend der Einheit und Verschiedenheit der beiden Größen, ohne die eine oder die andere zugunsten der andern zu opfern." („Mut zur Tugend" – Von der Fähigkeit, menschlicher zu leben", S.17 f)

IV. Was trägt die Botschaft Jesu dazu bei, Frieden zu schaffen?

Dabei wird allerding eine Frage immer drängender angesichts der Gräuel, der Schrecken, der Unsicherheiten und Ängste sowie der Machtgelüste von diversen Mächten. Es geht um die einfache Frage:

„Was trägt die Botschaft Jesu dazu bei, Frieden zu schaffen?... Das Unheimliche am Krieg ist, dass man die soziale Komponente der Psychologie, die Gruppendynamik, vor Augen sehen muss. Am Ende tun Menschen für ihre Gruppe die ungeheuerlichsten Dinge, aber sie tun sie mit dem Impuls der Kameradschaft, der Treue, der Hingabe, des Pflichtgefühls, mit lauter ethisch hochrangigen Motiven. Diese Missbrauchbarkeit im Ganzen muss deutlich werden, und da ist die Botschaft Jesu sehr wichtig: Es gibt kein Volk, das sich absolut setzen dürfte, keine Gottheit, die Nationalegoismen unterstütze könnte. Es gibt nicht ‚unseren' Gott. Es gibt keinen gruppenspezifischen Gott, es gibt nur einen Gott für alle Menschen. Das ist Religion...Noch einen Schritt weiter...muss man sich um die Wirtschaftsstruktur kümmern. Auch da hat Jesus zum Reichtum und zum Geld kräftigere Worte gefunden als über den Teufel. Wie kann man eine Wirtschaftsform im Sinne Jesu aufbauen, so dass wir nicht die aggressivste Wirtschaftsform in Gestalt des Kapitalismus erhalten müssen im Aberglauben, am Ende Frieden erwarten zu können? (Eugen Drewermann „Wir glauben, weil wir lieben", Patmos, Ostfildern 2010, S. 188 f)

Drewermann kennzeichnet hier sehr klar, was er unter Religion versteht. Es erinnert an Rahners Hinweis, dass der Mensch „weder der Gott einer schlechthinnigen und allseitigen Sicherheit und Klarheit ist noch das Wesen einer leeren Beliebigkeit, in der alles gleich richtig und gleich falsch ist, der Konturen hat, die zu respektieren sind, obwohl sie den Glanz des Göttlichen und Selbstverständlichen nicht haben". Drewermann kommt am Ende sorgfältiger und ausgedehnter Analysen zu einem Schluss, der die Bedeutung des Glaubens, ja vor allem auch die Bedeutung des Mannes aus Nazareth zum Leuchten zu bringen vermag:

„Wir sind in diesem Buch ausgezogen, die Form des Todes zu charakterisieren, die in unserer Zeit als eine quasi religiöse >>Ordnung<< der Welt mit der Ökonomisierung aller Lebensverhältnisse in Gestalt des Kapitalismus sich durchgesetzt hat. Jetzt, ans Ende gelangt, erkennen wir als die einzig mögliche Form der Überwindung dieses Systems eines entmenschlichenden Wahns zutiefst die Wahrheit des Christus, wie Paulus sie für sich entdeckt hat, um sie der gesamten Menschheit weiterzugeben: Menschlich ist eine Kultur einzig dann, wenn sie nicht die Machtausdehnung der Starken zur Grundlage des Zusammenlebens erhebt, sondern die Hilfe der Schwachen zum Ausgangspunkt nimmt: Entweder – Oder: Die Wahl ist prinzipiell: Denn es ist deutlich: Wir können mit den Auskünften dieser Welt uns nur immer weiter ins Tödliche vergraben, wir können aber auch die Angst der Endlichkeit und Begrenztheit dieses Daseins ein für allemal hinter uns lassen und an der Seite Jesu selber die Erde betreten als >>Kinder des Lichtes<<, als >>Söhne des Vaters<<, als Vernehmende jenes Wortes, mit dem die Mission des Christus begann:>> (Aber) du bist doch (du bleibst doch) mein Sohn<< (Mk 1, 11)" (Eugen Drewermann „Kapital und Christentum" III, S. 534)

„Die Wahl ist prinzipiell…Wir können mit den Auskünften dieser Welt uns nur immer weiter ins Tödliche vergraben". Ich weiß nicht, ob das so allgemein gilt und deshalb auch nicht so gesagt werden sollte. Immerhin pries Jesus die Blumen des Feldes, deren Schönheit er rühmte oder die Vögel des Himmels, die zwar nicht säen und ernten, die aber doch vom Vater im Himmel gewollt und geliebt sind. Vielleicht sollte man hier differenzieren: Dort, wo wir eine Kultur des Todes erleben, wo Leben vernichtet wird, wo Angst nicht beruhigt wird, wo Zerstörung an der

Tagesordnung ist – dort ist die Wahl wirklich prinzipiell. Wenn wir uns als „Kinder des Lichtes", als „Söhne und Töchter" eines liebenden Vaters, einer liebenden Mutter erfahren, können wir „aber auch die Angst der Endlichkeit und Begrenztheit dieses Daseins ein für alle Mal hinter uns lassen". Wie schön wäre es – ich bin noch einmal bei der ‚Ursünde' – Gott sein zu wollen – die Angst endlich hinter sich zu lassen. Weil vor dem eigenen Leben das große Pluszeichen steht: Du bist geliebt. Von Anfang an. Und bis in alle Ewigkeit!

V. Das Geschenk des Glaubens

Und wenn wir das so formulieren, sind wir beim „Geschenk des Glaubens" angelangt. Das Leben als „Kinder des Lichtes" ist keine Überforderung, weil wir es nicht von uns und aus uns heraus allein machen müssen. Es ist uns geschenkt worden. Nur weil wir Beschenkte sind, können wir das Geschenk der Hoffnung und Liebe auch weitergeben. Und umgekehrt: Wir würden dieses Geschenk gar nicht wahr- und annehmen können, wenn wir es nicht weitergeben. Liebe kennt keinen Monopolanspruch. Liebe lebt von, in und durch Liebe. In einem frühen Gebet spricht Karl Rahner diese wunderbare Glaubens – und Gotteserfahrung aus:

> „Dank deiner Barmherzigkeit, du unendlicher Gott, dass ich von dir nicht bloß weiß mit Begriffen und Worten, sondern dich erfahren, erlebt und erlitten habe. Denn die erste und letzte Erfahrung meines Lebens bist du. Ja wirklich du selber, nicht dein Begriff…Du hast mich ergriffen, nicht ich habe dich ‚begriffen', du hast mein Sein von seinen letzten Wurzeln und Ursprüngen her umgestaltet, du hast mich deines Seins und Lebens teilhaftig gemacht, dich mir geschenkt…Dich kann ich darum nicht vergessen, weil du ja die innerste Mitte

meines Wesens geworden bist." (Karl Rahner SW 7, S.15 f; ursprünglich aus „Worte ins Schweigen", Innsbruck/ Leipzig 1938 – dort „Gott der Erkenntnis", S. 44 f)

Damit ist gleichzeitig auch gesagt, was Gebet eigentlich ist. Es ist weder Selbstsuggestion noch ein Selbstgespräch, das uns einsam zurücklässt. Ganz im Gegenteil, denn

„Gebet ist das freie Vorsichselberkommenlassen des Menschen seiner selbst. Darin vernimmt der Mensch seine Situation und die mit ihr gegebenen Möglichkeiten und Aufgaben. Ihnen stellt sich der Beter als dem göttlichen Willen…Gebet ist somit immer praktisch bezogen, immer handlungsorientiert. Beten und Leben als Fragen nach der göttlichen Führung sind dasselbe: Das Leben soll ein ‚einziges Gebet' sein und das Beten ein ‚Stück eines solchen Lebens' (WiS 22)" (Ralf Miggelbrink „Ekstatische Gottesliebe im tätigen Weltbezug", Altenberge 1989, S. 286)

Das führt schlussendlich zur Frage, wo und wie in unserer Welt Gott erfahren wird. Bei aller Unsicherheit, bei aller Angst und bei allen Schwierigkeiten, aber auch in aller Freude, bei allem Schönen und bei allem Frohmachenden. Wo setzt das ‚Gottdenken' an? Ist es überhaupt glaubwürdig? Und was hat es mit dem „Glauben inmitten der Welt" (Buchtitel von Karl Rahner) zu tun?

Auch hier scheint Karl Rahners Spiritualität, sein geistliches Denken und Leben Maßstäbe zu setzen, hinter die die Kirche nicht mehr zurückkann und die gerade heute für die Verkündigung eine große Relevanz besitzen, denn

> „Rahners Gottesdenken setzt...bei der Erfahrung Gottes als des zum Subjekthaften Handelns für Andere Aufrufenden und Befreienden ein. Der Vollzug dieses gläubigen Subjektseins ist der einzige Ort, an dem theologische Rede *sinnvoll* ist: Nur in der Ordnung der Gnade, die angenommen und gelebt wird, wo der Mensch sich in Nächsten- und Gottesliebe vollzieht, gibt es ein Verstehen der Wahrheit Gottes jenseits selbstgefälliger, weltbildhafter Sicherheit und jenseits der Verzweiflung." [41]

Teil 4 – „Quo vadis" – Wohin gehst du, Kirche?

Ein geistlicher Impuls zum Reformprojekt „Sendung und Sammlung" im Erzbistum Hamburg im Jahr 2025

Der Bistumstag zum neuen Reformprojekt „Sendung und Sammlung" ist vorüber; die Stimmung – so berichteten es verschiedene Augen- und Ohrenzeugen – war prächtig. Es gab viele Begegnungen ‚auf Augenhöhe', einen regen Austausch, bereichernde Gesprächsrunden. Die großen Blöcke wurden vorgestellt und erörtert. Sie heißen

- Engagement unterstützen
- Erreichbar sein
- Den Glauben ins Spiel bringen
- Synodalität leben

---

[41] Ralf Miggelbrink „Ekstatische Gottesliebe im tätigen Weltbezug", Altenberge 1989, S. 288

- Ressourcen managen
- Pastorales Personal einsetzen.

Im Ehrenamt eigene Charismen wahrnehmen

Inhaltlich scheint noch sehr vieles unklar zu sein. Vieles hängt auch davon ab, ob der Impuls aufgegriffen wird, im ‚Ehrenamt' die eigenen Charismen nicht nur wahrzunehmen, sondern sie auch anzunehmen und sie einzustiften in die Gemeinschaft der Gläubigen, besonders der gläubigen Gemeinschaften vor Ort. „Das Salz im Norden" war ein erster ‚Aufschlag', die Entwicklung der „Pastoralen Räume" folgte rasch und mündete ein in den „Pastoralen Orientierungsrahmen." Fast mutet es so an, als ob die Fragestellungen zur Würzburger Synode, wie sie Karl Rahner vor nunmehr über 50 Jahren formuliert hat, noch immer (oder schon wieder?) der Umsetzung bedürfen. Rahner stellte seinerzeit drei fundamentale Fragen:

- Wo stehen wir?
- Was sollen wir tun?
- Wie kann eine Kirche der Zukunft gedacht werden?[42]

Kirche neu erfinden?

Ein Vergleich mit Äußerungen von Eugen Drewermann und Hans Urs von Balthasar zur ‚Kirchenpolitik' soll zeigen, wie wertvoll die Impulse Karl Rahners auch heute – vielleicht gerade heute – sind. Denn sie werden gespeist aus einer langen geistlichen Tradition.

---

[42] Karl Rahner „Strukturwandel der Kirche als Aufgabe und Chance", Freiburg-Basel-Wien 1972

Kirche kann sich nicht neu erfinden. Sie hat den Auftrag des Herrn zu erfüllen, der nicht ins Belieben gestellt ist. Er gilt und steht am Ende des Matthäus Evangeliums (Mt 28, 19-20) unmissverständlich da:

„Darum geht zu allen Völkern und macht alle Menschen zu meinen Jüngern; tauft sie auf den Namen des Vaters und des Sohnes und des Heiligen Geistes, und lehrt sie, alles zu befolgen, was ich euch geboten habe. Seid gewiss: Ich bin bei euch alle Tage bis zum Ende der Welt."

Den Glauben ins Spiel bringen

Dieser kleine Beitrag versteht sich als inhaltliche Ergänzung bzw. Konkretion bisheriger inhaltlicher Überlegungen anhand einiger Modelle, die sich teilweise gegenseitig ausschließen oder auch ergänzen, und fühlt sich vorrangig dem Schwerpunkt von „Sendung und Sammlung" verpflichtet: Den Glauben ins Spiel bringen. Denn es wäre fatal, wenn bei allen erforderlichen Überlegungen zu Strukturen, Ressourcen und zeitlichen Abläufen das aus dem Blick gerät, worum es eigentlich geht. Wenn nicht mehr hinreichend gesehen wird, was strukturiert werden soll. Wenn nicht klar ist und klar bleibt, dass alle Überlegungen nur das eine Ziel haben, Glaube, Hoffnung und Liebe zu stärken und zu stützen, dann sind all die vielen Mühen vergebens. Darum halte ich es für zwingend erforderlich – neben all den Fragen der Finanzen, des Personals, der Örtlichkeiten usw. – immer auch *und vor allem* den Inhalt dessen, worum es im Glauben geht, ausreichend - mindestens in derselben Intensität - mitzudenken.

Als Kirche dürfen wir uns bei all unserem Tun auf Überlegungen stützen, die *vor uns*, ja sicherlich auch *für uns* Glaubenszeugen angestellt haben, um den Glauben – gerade im Gefolge des II.

Vatikanischen Konzils – nicht billig an den ‚Zeitgeist‘ anzupassen, sondern *„Das Alte neu (zu) sagen"* [43] , damit unsere Botschaft überhaupt ankommen kann.

Die Chance der „kleinen Herde"

Es gibt zunächst eine recht pessimistische Äußerung, die allerdings dem Zusammenleben kleinerer Gemeinschaften vor Ort viel zutraut. Denn auf die Frage in Bezug auf die Kirche antwortet *Eugen Drewermann (*1940):*

„Wenn der Zusammenbruch käme oder schon da ist, wäre diese andere Bewegung der Entschlossenen, Jesus auch in dieser Situation zu folgen, besonders wichtig. Es ist mehr denn je dringend notwendig, den Glauben in kleinen Gemeinschaften zu leben…Wo …Menschen einander begegnen in ihrer Brüchigkeit, in ihrer Bereitschaft, zu verstehen und zu begleiten, da wird es konkret, was Jesus gemeint hat…In diesen kleinen Gruppen ist das alles erträglich, mittragbar, miteinander kompatibel…Gott liegt in den Händen der Gemeinde. Das sind konkrete Menschen, Subjekte, nicht Objekte einer amtlich bestellen Seel-Sorge. Wie die miteinander umgehen, das entscheidet über die Nähe Gottes zu den Menschen."[44]

Unschwer wird man erkennen, dass hier ‚Gräben‘ zur bisherigen Tradition und kirchlichen Praxis vorhanden sind, die zunächst unüberbrückbar scheinen. Die sprachliche Formulierung ist wenig dialogisch, wenn pauschal von „Zusammenbruch" oder einer „amtlich bestellten Seel-Sorge" die Rede ist oder davon, dass Gott „in den Händen der Gemeinde" liegt. Hier bedarf es eines vertieften, klärenden

---

[43] Buchtitel von Karl Rahner
[44] Eugen Drewermann im Gespräch mit Michael Albus „Die Stunde des Jeremia – Für eine Kirche, die Jesus nicht verrät", Ostfildern 2020, S. 181 f

Diskurses. Jedenfalls rät Drewermann, Jesus zu folgen und einander beizustehen. Das wird nicht in Frage zu stellen sein. Doch es wird nicht ausreichen als ‚Kirchendefinition'. Allerdings, „wo ...Menschen einander begegnen in ihrer Brüchigkeit, in ihrer Bereitschaft, zu verstehen und zu begleiten" ist *ein* caritativer Grundstein gelegt, ein unverzichtbarer, auf den Kirche nicht verzichten kann.

Das Unvergleichliche?

Ein anderer Glaubenszeuge ist *Hans Urs von Balthasar (1905-1988)*. Der Verfasser der *„Schleifung der Bastionen"* (1952) wurde am Ende seines Lebens gefragt, wie heute Verkündigung aussehen kann und aussehen sollte:

„Sicher ist es heute nötig, eine Anthropologie auszubauen, in der alle Dimensionen entfaltet werden, die von der heutigen Welt entdeckt und ausgebaut werden...gewiss ist eine Anthropologie erfordert, die unserer Zeit angemessen und dabei christlich ist, nämlich angeleuchtet durch das Licht der Offenbarung...Ist der Christ sich der Unvergleichlichkeit der christlichen Offenbarung bewusst, so kann er sich beim Ausbau der Humanwissenschaften auf die göttliche Kraft der Unterscheidung der Geister verlassen."[45]

Balthasar war es ein Grundanliegen, bei allen Vermittlungsbemühungen der Verkündigung immer wieder mit Nachdruck auf die „Unvergleichlichkeit der christlichen Offenbarung" zu insistieren. Er bleibt uns auch die Antwort nicht schuldig, worin er diese Unvergleichlichkeit sieht:

„Ich denke doch vor allem dadurch, dass man die Leute mit dem unverkürzten Evangelium konfrontiert, mit dem integralen Christus...Eine andere Antwort auf die wesentlichen Fragen der Menschen als die christliche gibt es nicht...die Menschen

---

[45] Hans Urs von Balthasar „Prüfet alles, das Gute behaltet", Ostfildern 1986, S. 19f

müssen die Unvergleichlichkeit des Evangeliums mit allem, was ihnen sonst in der Welt begegnen mag, erkennen. In der ganzen Weltgeschichte gibt es nichts mit Jesus Christus Analoges, und es wird auch nie etwas derartiges geben: einen Menschen, der ohne Überheblichkeit mit der Autorität Gottes redet und handelt...Jesu ganze Existenz, sein Arbeiterleben, seine Verkündigung und sein Tod, seine Auferstehung: alles an ihm ist Auslegung Gottes.“[46]

Wie geht man mit solch einer ‚Auskunft‘ um? Sicher, es mag Glaubende geben, die durch diese „Schau der Gestalt“ in ihrem Glaubens- und Lebensvollzug gestärkt werden. Doch was ist mit all den anderen? Hat Jesus uns nicht „zu allen Völkern“ gesandt? So wichtig Balthasars Hinweis ist, am Evangelium keine ‚Abstriche‘ zu machen, so schwierig scheint mir diese Alternative zu sein: Entweder du siehst diese Unvergleichlichkeit – oder du siehst sie nicht! Reinhold Schneider sah in seinem letzten Werk „Winter in Wien“[47], von dem Klaus Hemmerle in „Widerruf oder Vollendung“ meinte, dass es das frömmste Buch sei, das Schneider je geschrieben hat, nicht mehr das Erbarmen Gottes. Er vertraute seinem Tagebuch an, dass er nicht mehr „Vater“ sagen konnte. Dass die Welt für ihn eine „rotierende Hölle“ sei, die Geschichte, die menschliche Existenz, ihm vorkomme wie eine „zerplatzende Granate“, wie eine „Explosion“. Schneider konnte seinen – wie er es nannte - *„Glaubensentzug“* nicht verschweigen. Vielleicht war dies sein größtes Zeugnis, das an Jesu letztes Wort am Kreuz erinnert, an den Verlassenheitsschrei.

---

[46] Hans Urs von Balthasar „Prüfet alles, das Gute behaltet“, Ostfildern 1986, S. 42
[47] Reinhold Schneider „Winter in Wien“, Freiburg-Basel-Wien 1958

In die Welt hineinschauen

Und wer heute in die Welt hineinschaut und ehrlich bleibt, wie sehr kann er Schneiders Welt- und Glaubenserfahrung nachempfinden? Dass er seinen Glauben dieser Welterfahrung aussetzte und diese Erfahrung bezeugte, zeigt in welche Tiefen der Glaube hinabreichen kann.

Wie gesagt, die „Schau der Gestalt" [48], die „unanfechtbare Identität", kann hilfreich sein für den, der diese „Schau" hat. Im Jahr 2012 schrieb ich gemeinsam mit Roman A. Siebenrock hierzu:

„Balthasars Option unterscheidet sich davon [49] nicht im Auftrag und in der Sendung des Dienstes, sondern in seiner Konzeption der Glaubensidentität, die er ...vielfältig bedroht sieht; vor allem durch die Grundstruktur des neuzeitlichen Subjekts. Daher ist die Glaubensvergewisserung in der Schau der Gestalt dem Dienst und dem Dialog vorgängig. Seine Kurzformel könnte lauten: Dialog und Dienst aus unanfechtbarer Identität." [50]

Rahners Rüstzeug auch heute

Kommen wir zum Konzilstheologen Pater *Karl Rahner* (1904-1984). Ich verhehle nicht, dass ich fest davon überzeugt bin, dass Karl Rahner gerade auch heute uns das Rüstzeug an die Hand gibt für eine zeitgemäße Verkündigung, die den Glauben nicht nur unverkürzt weitergibt, sondern auch seine Strahlkraft und Freude entfalten kann. Rahners Theologie schöpft nicht nur aus dem großen Reichtum der geistlichen Tradition der Kirche.

---

[48] Nicht zufällig ist dies auch der Titel des ersten Bandes der großen Trilogie Hans Urs von Balthasars

[49] Gemeint ist die Glaubensoption Karl Rahners

[50] Rudolf Hubert-Roman A. Siebenrock in ZKTh, Heft 3, 2012, S. 341

Er kennt sie so gut, dass er sie für das Hier und Heute quasi ‚aufbereitet'. Gleichzeitig konfrontiert er den Glauben mit den existentiellen Fragen, Sorgen und Nöten, aber auch mit den Freuden und den positiven Entwicklungen in Wissenschaft und Kultur in unserer Zeit.[51] Nicht, um ein „Glasperlenspiel"[52] zu treiben, sondern um in der *Zeitgenossenschaft* die Kraft des Glaubens zu erweisen.

Wer kennt sie nicht, all die Fragen und Nöte von heute? Exemplarisch könnte man an all die vielen Verschwörungsmythen denken, die uns irrezumachen scheinen. Nichts scheint mehr sicher, keinerlei Gewissheit verspricht Halt und Orientierung. Zu jeder Meinung gibt es 1000 andere und jede von ihnen beansprucht Wahrheit für sich im selben Maße. Wem und was kann man noch trauen? Ist Vertrauen nicht Unwissenheit und sträfliche Naivität? Wir dürfen als Glaubende nicht so tun, als gehen uns diese Fragen, Sorgen und Nöte nichts an.

Aber wie könnte eine Auskunft des Glaubens aussehen. Eine Auskunft, die weiterhilft, die weiterfragt und nicht einem ‚existentiellen Achselzucken' weitere Nahrung gibt. Schauen wir also näher zu, was Karl Rahner dazu sagt:

„Der Christ ist der wahre und radikalste Skeptiker. Denn wenn er an die Unbegreiflichkeit Gottes wirklich glaubt, dann ist er davon überzeugt, dass keine Einzelwahrheit wirklich wahr ist, außer in dem zu ihrem wahren Wesen notwendig gehörenden Vorgang, in dem sie

---

[51]Karl Rahners Zeit ist vorüber. Und sie war eine andere als die heutige Zeit. Das Ausmaß der Digitalisierung und Kommerzialisierung, was heute so beherrschend ist, war zu seiner Zeit und in diesem Ausmaß nicht absehbar. Dennoch ist man immer wieder überrascht, wenn man sieht, wie – fast prophetisch – Texte von ihm tagesaktuell sind und exakt in die heutige Zeit hineinpassen. Immer aber gibt Rahner Hinweise und Impulse, die zu beachten sind und in deren Spuren weiterzugehen, sich allemal lohnt.

[52] Buchtitel von Hermann Hesse

sich selbst in die Frage aufhebt, die unbeantwortet bleibt, weil sie nach Gott und seiner Unbegreiflichkeit fragt. Der Christ ist darum auch der, der mit jener sonst irrsinnig machenden Erfahrung fertig wird, in der man...keine Meinung für ganz richtig und keine Meinung für ganz falsch halten kann." [53]

Nicht ganz richtig und nicht ganz falsch

„Der Christ ist darum auch der, der mit jener sonst irrsinnig machenden Erfahrung fertig wird, in der man...keine Meinung für ganz richtig und keine Meinung für ganz falsch halten kann." Das ist ein richtiger ‚Brocken'. Allerdings hilft mir die davor ergangene Auskunft weiter,

„‚dass keine Einzelwahrheit wirklich wahr ist, außer in dem zu ihrem wahren Wesen notwendig gehörenden Vorgang, in dem sie sich selbst in die Frage aufhebt, die unbeantwortet bleibt, weil sie nach Gott und seiner Unbegreiflichkeit fragt."

Ehre Gottes

Hier ist die Tiefendimension christlichen Glaubens greifbar, wie Rahner sie von seinem Ordensvater Ignatius von Loyola in den Exerzitien gelernt hat:

Gott ist immer größer als alles, was uns in Beschlag nehmen will.

Die Indifferenz - das Abstandnehmen und Abstand halten zu allem, was sich uns mit absoluter Wucht aufdrängt, seien es Ideologien, Konsum, Luxus oder was auch immer – seien es auch wir selbst mit unseren

---

[53] Karl Rahner „Wagnis des Christen", Freiburg-Basel-Wien 1974, S. 26

Ansprüchen und Wünschen – ist immer wieder neu im Leben einzuüben.[54]

Alles geschieht zur Ehre Gottes – das ist das einzige Kriterium, das uns vor Hybris und Weltuntergangsstimmung wirksam zu bewahren vermag.

Karl Rahner schrieb einmal eine vielbeachtete *„Rede des Heiligen Ignatius von Loyola an einen Jesuiten von heute"*. Die Unterüberschrift lautet: *„Das Alte neu sagen."* Mehrfach hat er sich dazu bekannt, dass dies sein „spirituelles Testament" sei.[55] Darum soll an dieser Stelle Karl Rahner ausführlich zu Wort kommen. Wenn wir uns in diesen Text vertiefen, können wir gleichsam miterleben, wie Rahner seinen Glauben gerade auch mit all jenen teilt, die bedrängt werden von Einsamkeit und Gefährdung, indem er seinen Glauben ebenfalls diesen Anfechtungen aussetzt und sie- ähnlich wie Reinhold Schneider – nicht verschweigt, sondern bezeugt:

„Die Einsamkeit vor Gott, das Geborgensein in seiner schweigenden Unmittelbarkeit allein gehört zum Menschen. Und wenn dies zu Beginn der Neuzeit in der Kirche deutlicher geworden ist, dann gehört es zu *der* Geschichte, die nicht einfach wieder untergeht, ...wird es einmal Menschen geben, die grundsätzlich und in jeder Phase ihrer Existenz kein Ohr mehr haben für das Wort: Gott? Wird es einmal Menschen geben, die nicht mehr über dieses und jenes Fragbare in seiner endlosen Vielfalt hinaus nach dem Unsagbaren fragen? Wird es einmal Menschen geben, die sich immer und mit wirklichem Erfolg verbieten, das Geheimnis schlechthin nahe sein zu lassen, das, als Eines und Umfassendes, als Urgrund und Urziel namenlos in ihrem Dasein waltet; das gibt, dass wir lieben ,Du' sagend, uns in seinen Abgrund fallen lassen und so frei werden können? Was wäre, wenn solches möglich und Wirklichkeit würde?

---

[54] Davon zeugt auch ein Buchtitel Karl Rahners: „Einübung priesterlicher Existenz", wobei *priesterlich* bei Karl Rahner ganz entscheidend *christlich* bedeutet.
[55] Herbert Vorgrimler „Karl Rahner verstehen", Freiburg-Basel-Wien 1985, S. 48

Nicht zu erschüttern

Mich könnte solches nicht erschüttern. Die Menschen hätten sich dann eben als einzelne oder als Menschheit zu findigen Tieren zurückgekreuzt, und die Geschichte der Menschheit von Freiheit, Verantwortung, Schuld und Vergebung wäre dann eben zu Ende, wobei sich nur die Weise des Endes geändert hätte, das wir als Christen auf jeden Fall erwarten. Die Menschen, die wirklich diese Namen verdienen, hätten doch das ewige Leben gefunden.

Man kann auch in Zukunft von Gott sprechen, wenn man wirklich versteht, was mit diesem Wort gemeint ist, und es wird immer eine Mystik und Mystagogie der unsagbaren Nähe dieses Gottes geben, der das andere von sich geschaffen hat, um sich selber ihm in Liebe als ewiges Leben zu schenken. Die Menschen werden immer angeleitet werden können, die endlichen Götzenbilder, die an ihren Wegen stehen, zu stürzen oder gelassen an ihnen vorbeizugehen, nichts absolut zu setzen, was ihnen als Mächte und Gewalten, als Ideologien, Ziele und Zukünfte einzelner und bestimmter Art begegnet, ‚indifferent', ‚gelassen' zu werden und so in dieser nur scheinbar leeren Freiheit zu erfahren, was Gott ist.

Es wird immer Menschen geben...die im Blick auf Jesus den Gekreuzigten und Auferstandenen es wagen, sich an allen Götzen dieser Welt vorbei auf die Unbegreiflichkeit Gottes als Liebe und Erbarmen bedingungslos einzulassen. Es wird immer Menschen geben, die in diesem Glauben an Gott und Jesus Christus sich zur Kirche zusammentun, sie bilden, sie tragen und sie – aushalten...Wenn es immer solche Menschen geben wird, dann werde ich ja immer ...eine Sendung an alle Menschen haben. Denn ich wollte ja nur den Menschen helfen, dies zu verstehen und zu ergreifen...auch wenn ich natürlich weiß, dass jeder Mensch das für alle Gültige unvermeidlich nur in seiner Weise weitergeben kann...Der schweigende Untergang könnte die größte Tat sein, so oder so bleibt Gott immer der größere." [56]

Die fiktive Rede des Hl. Ignatius, sie gibt sehr genau den Wurzelgrund der Theologie an, aus dem heraus Karl Rahner seinen Glauben lebte und aus dem heraus er seine Glaubensoption in ,intellektueller Redlichkeit' formulieren konnte. Wie kann man Rahners Glaubensoption beschreiben? Eine Option, die für uns hier und heute vor allem auch deshalb von Relevanz ist, weil sie geschwisterlich und ,intellektuell redlich' in einem ist.

Der Geist des Heiligen Ignatius

„Auf eine Kurzformel gebracht, könnte die Option Rahners lauten: Identität in Dialog und Dienst." [57]

Die Option einer glaubensmäßigen Identität in Dialog und Dienst zeigt nicht nur die caritative Dimension des Glaubens. Sie zeigt sich vor allem auch in Rahners geistlichem Schrifttum. Siegfried Hübner leitete für den St. Benno-Verlag Leipzig im Jahr 1990 Karl Rahners Buch *„Das große Kirchenjahr"* ein. Er schrieb in seiner Hinführung, dass Rahner überzeugt war,

„dass es heute erste und letzte Aufgabe christlicher Theologie und Verkündigung sein müsse, von Gott zu reden, ihn zu verkünden als den, der unausweichlich und unverdrängbar uns in unserem Menschsein trägt und umfasst, der sich uns als das ewige Leben gibt und auf den wir uns im Blick auf Jesus, den Gekreuzigten und Auferstandenen bedingungslos verlassen können…Deshalb wird *alles* andere, das wir als Menschen erfahren und erleiden, auf diese Wirklichkeit hin…relativiert,

---

[56] Karl Rahner „Das Alte neu sagen – Rede des Ignatius von Loyola an einen Jesuiten von heute" – Freiburg-Heidelberg 1982, S. 77ff
[57] Rudolf Hubert-Roman A. Siebenrock in ZKTh, Heft 3, 2012, S. 341

nicht nur alles Menschliche und Weltliche, sondern auch alles ‚Religiöses' und Kirchliche, insofern dieses nicht mit Gott identisch ist, sondern nur auf ihn verweist..."[58]

Die Bedrohung des Glaubens

Es geht nach Hübner Karl Rahner vor allem auch darum,

„die gegenwärtige Bedrohung des Glaubens als eine Herausforderung anzunehmen, die gebietet, aus einer Mentalität herauszuwachsen, die unbedingt ‚am kindlichen Erlebnis des nahen Gottes'...als ‚Forderung und Bedingung für den Glauben' festhalten will, und im Glauben zu reifen in den Gott hinein, der immer größer ist, als es der Glaubende bisher wusste oder ahnte."[59]

Die Spiritualität des Hl. Ignatius bricht überall in Rahners Theologie durch. Weil sie ehrlich ist, sich nichts vormacht, wirkt sie auch desillusionierend und lässt Ausschau halten, wo wirkliche Antworten zu finden sind, denn sie sieht es

„als einen verhängnisvollen Irrweg (an), aus einem für den Glauben tödlich erscheinenden ‚Säkularismus' in die Geborgenheit eines ausdrücklich ‚religiösen' und sich abgrenzen und sichern wollenden kirchlichen Lebens zu fliehen, und will den Glaubenden die Augen dafür öffnen, dass *alles* auch in dem profansten Leben von der Wirklichkeit Gottes und seiner Liebe durchdrungen ist und als Geschehen des Heiles erkannt und ergriffen werden kann...Deshalb mündet diese Rede von Gott immer wieder in der Verheißung und

---

[58] Siegfried Hübner in „Karl Rahner „Das große Kirchenjahr", Leipzig 1990, S. 12
[59] Siegfried Hübner in „Karl Rahner „Das große Kirchenjahr", Leipzig 1990, S. 12

Aufforderung, ihn im Leben und Bestehen des Alltags zu finden." [60]

Weil Karl Rahners beste Theologie in seinen Meditationen und in seinen Gebeten zu finden ist, weil Theologie nur aus der „Gestimmtheit des Beters"[61] heraus möglich ist und weil bei allen Überlegungen im Reformprojekt von „Sendung und Sammlung" im Erzbistum Hamburg es entscheidend auf die ‚Laien' vor Ort ankommen wird, wie sie ihren ‚Weltauftrag' erkennen und anerkennen, darum soll Karl Rahners *Gebet eines Laien* diese kleine Betrachtung beschließen.

Gebet eines Laien [62]

„Gott, ich werde immer ein wenig nervös, wenn ich das Wort ‚Laie' in der Kirche höre. Wenn sonst von Laien geredet wird, sind solche Leute gemeint, die von einer bestimmten Sache nichts oder sehr wenig verstehen. Ich aber habe Recht und Pflichten, von der Botschaft Jesu und seinem Reich so viel wie möglich zu verstehen...Ich besitze bestimmte ...Vollmachten ...nicht, und ich habe auch gar kein Verlangen danach, denn so sehr diese auch zu schätzen sein mögen, sie dienen nur der einen Aufgabe, die ich habe: radikal ein Christ zu sein, in dem der Geist Gottes wirkt... Die Amtsträger stehen darum in dem, worauf es allerletztlich ankommt, nicht über, sondern neben mir. Und die Gnade Gottes kommt nicht nur durch die sakramentalen Zeichen, die die Amtsträger verwalten, auf mich zu, sondern bleibt darüber hinaus in der freien Verfügung Gottes, der sie allen schenkt, die ihn darum bitten. Ich weiß, heiliger Gott, dass meine Verantwortung für mein Christsein

---

[60] Siegfried Hübner in „Karl Rahner „Das große Kirchenjahr", Leipzig 1990, S. 13
[61] Ein glücklicher Ausdruck, den Karl Rahner geprägt hat, um deutlich zu machen, dass man eigentlich nie *über*, sondern nur *zu* und *mit* Gott reden kann.
[62] Karl Rahner „Gebete des Lebens", Freiburg-Basel-Wien 1984, S. 163 f

dadurch nur wächst. Ich muss Rechenschaft darüber geben...
Ich muss nicht auf der Kanzel predigen, aber – was schwerer
ist – durch mein Leben das Evangelium bezeugen.

In einer Umgebung, die weder ausdrücklich das Christliche
ablehnt noch es wirklich liebt, sondern alles Religiöse tabuisiert,
fällt es mir Feigem schwer, am rechten Platz und zur rechten
Zeit zu zeigen, wer ich bin; dazu zu stehen, dass man mit sich
und seinem Leben letztlich doch nur fertig wird, wenn man es
auf dich, o Gott, stellt und in deiner Gnade lebt. Mutigere und
unbefangenere Christen bezeugen mir, dass man -wenn man
gewisse Barrieren überspringt- mit seinem Zeugnis befreiend
bei anderen ‚ankommt', wo zunächst alle Türen fest
verschlossen schienen. Warum bin ich so ängstlich, so feige,
wie ich mir ehrlich eingestehen muss? Wörter wie
‚missionarisch', ‚apostolisch' usw. haben heute einen so
betulich altmodischen Geschmack. Aber die Sache selbst?
Wenn sie fehlt, ist das nicht ein Anzeichen dafür, dass mein
Laienchristentum selber dürftig und schwach ist? Gott, gib mir
Mut und Kraft, ein Laie zu werden, der den Namen eines
Christen verdient." Amen.

Zur Person

Rudolf Hubert (geb. 1958) war viele Jahre Geschäftsführer des Kreisverbandes Westmecklenburg - Caritas Mecklenburg e. V. und seit 2019 Referent der Caritaspastoral im Caritasverband für das Erzbistum Hamburg e. V. Seit Januar 2025 ist Rudolf Hubert im Altersruhestand.

Univ. Prof. Dr. Roman Siebenrock schrieb über Rudolf Hubert:

„Als Schüler in der ehemaligen DDR ist er auf das Büchlein von Karl Rahner gestoßen: „Von der Not und dem Segen des Gebetes". Mit diesem Büchlein konnte er spirituell und intellektuell in der damaligen Situation Boden gewinnen. Seine anhaltende Beschäftigung und vertiefende Auslegung des Werkes Karl Rahners hat er in der umfassenden Studie zusammengefasst: „Im Geheimnis leben. Zum Wagnis des Glaubens in der Spur Karl Rahners ermutigen." Würzburg: Echter 2013.

Dieses Werk kann als vertiefende Auslegung ebenso empfohlen werden, wie als mystagogische Anleitung zur eigenen Glaubensfindung bzw. –vertiefung."

Weitere Texte des Autors finden Sie auf seiner Internetseite. Hier gibt es einen Blog, Impulse und Rezensionen.

www.rudolfhubert.de

„Es wird immer Menschen geben...die im Blick auf Jesus den Gekreuzigten und Auferstandenen es wagen, sich an allen Götzen dieser Welt vorbei auf die Unbegreiflichkeit Gottes als Liebe und Erbarmen bedingungslos einzulassen. Es wird immer Menschen geben, die in diesem Glauben an Gott und Jesus Christus sich zur Kirche zusammentun, sie bilden, sie tragen und sie – aushalten." (Karl Rahner)